Karl A. Francis

Heilweg der Kabbala

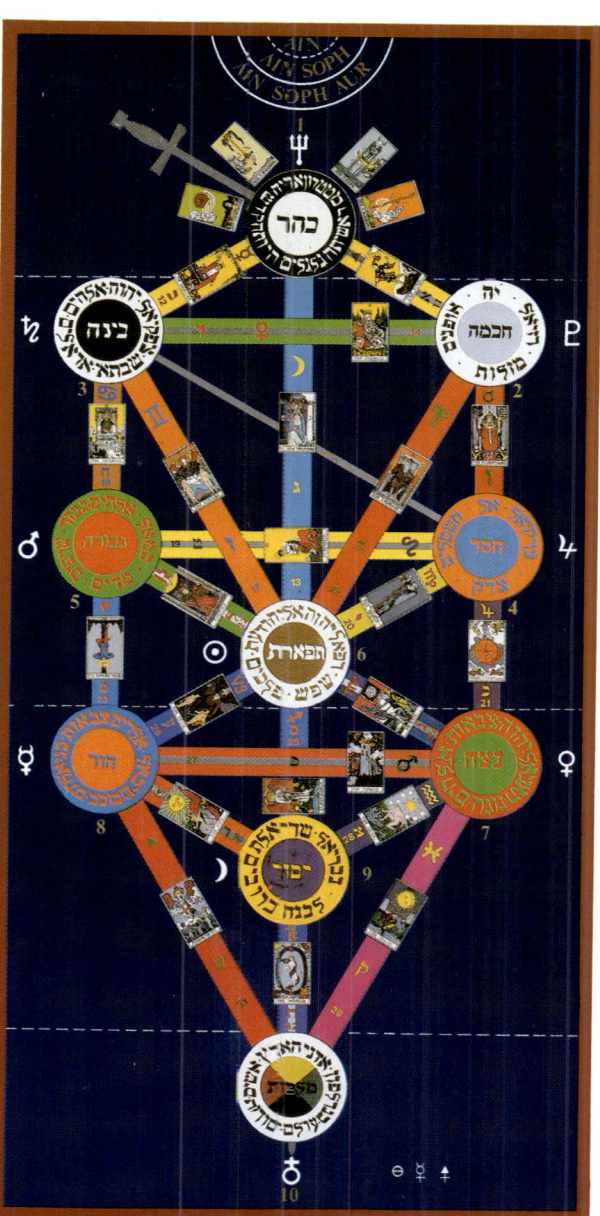

Karl A. Francis

Heilweg der Kabbala

Verlag Hermann Bauer
Freiburg im Breisgau

CIP-Kurztitelaufnahme der Deutschen Bibliothek

Francis, Karl A.:
Heilweg der Kabbala / Karl A. Francis. –
Freiburg im Breisgau : Bauer, 1987.
  Aus d. Ms. übers.
  ISBN 3-7626-0311-1

Aus dem englischen Manuskript übersetzt
von Ursula Leitner.

Mit 2 Farbabbildungen von T. McGrath, Rapier Graphics,
Trowbridge, Wiltshire/England
und Zeichnungen von Martin Tiefenthaler.

1987
ISBN 3-7626-0311-1
© für die deutsche Ausgabe 1987 by
Verlag Hermann Bauer KG, Freiburg im Breisgau.
Alle Rechte der deutschen Ausgabe vorbehalten.
Satz: studiodruck, Nürtingen-Raidwangen.
Druck und Bindung: Druckerei Welsermühl, Wels.
Printed in Austria.

Dieses Buch ist den Bewohnern des Universums gewidmet, all denen, die nach Wahrheit und Licht suchen und allen, die durch Liebe und Hingabe danach streben, die wahre Weisheit, das vollkommene Glück, das Summum Bonum in der Vollendung des Magnum Opus zu finden.

Danksagung

Es würde den Rahmen dieser Danksagung sprengen, wollte ich all die Personen einzeln aufzählen, die zu diesem Buch beigetragen haben. Jedes Individuum ist durch einen Punkt im Raum symbolisiert, der überall und dessen Umfang nirgendwo ist. Ähnlich symbolisch sind auch all die repräsentiert, deren Namen hier nicht genannt sind.

Mein besonderer Dank gilt Claus Claussen und Ulrike Richartz-Claussen für ihre praktische Hilfe vor der Publikation des Buches, Frau Dr. Elisabeth Studer die sich spontan bereit erklärt hat, ein Vorwort zu schreiben, Elisabeth Shaw und ihrer Schwester Judith Helen Shaw, die das Manuskript ins Reine schrieben. Viele andere Freunde opferten ihre Zeit und Energie auf vielfache Art und Weise hinter den Kulissen, wie Pam Cooper, Rex Dutta, Rahel Huni, Kathi Kursteiner, Trevor McGrath, Monica Owen, Jean Tolhurst und Annemarie Wyss.

Mögen alle, die dieses Buch lesen, die gleiche Freude damit haben wie ich, als ich es schrieb, und mögen sie unterstützt werden in ihrem Bemühen, Kenntnis über das »Das bin ich«, das »Das Ewige Selbst«, zu erlangen.

Inhalt

Vorwort

Es fällt einem modernen Mediziner nicht leicht, ein Vorwort zu einem Buch über Heilung zu schreiben, das weder die naturwissenschaftlich gesetzten Grenzen, noch die Konventionen unseres heutigen Lebenskonzeptes respektiert. Die Aussage der Kabbala als eines der alten esoterischen Weisheitssysteme geht weit über das Dogmatische von Wissenschaft und Religion hinaus, eröffnet aber ungeahnte transzendentale Dimensionen. Eine Welt erweiterter und differenzierter Erlebnis- und Seinsweisen zwischen »existieren und lieben« entfaltet sich vor dem staunenden Auge. Sie gehört keineswegs ausschließlich dem Numinosen an, sondern einer erfahrbaren und strukturierten geistigen Sphäre, die unsere wahre Heimat ist, in die wir zurückkehren (nicht erst nach dem Tode) und mit der wir kommunizieren können. Unsere vergängliche Daseinsebene ist nicht die eigentliche Wirklichkeit, aber als unumgänglich notwendige Aufgabe ist uns das Durch-leben, Durch-strukturien, Durch-leiden ihrer Bedingungen gegeben, damit wir aus der Absonderung der Polarität (Sünde, Krankheit, Kränkung) in die Einheit, das Heil-Sein zurückkehren, aus dem »Sündenfall« in die Materie erlöst werden können. Das universale Gesetz, »nach dem wir angetreten sind«, ist daher kein anderes als das der biblischen Offenbarung, der auch die Kabbala mit ihrer Urgewalt des Wortes entstammt. Die »Erlösung« der jüdisch-christlichen Tradition mag da ihre Entsprechung finden, wo vom Abstieg des unmanifestierten Schöpfers in die manifestierte Welt gesprochen wird und die liebende Opferung alles irdischen Wünschens zugunsten der spirituellen Aufstiegserfahrung

(»Auferstehung«, »Himmelfahrt«) uns vom Heiligen vorgelebt wird. Er transformiert Malkuth in die strahlende Gegenwart von Kether (Krone, Vollendung).

Über den Körper wird das schlafende Bewußtsein der Seele in diesem »Göttlichen Spiel« (Lila) allmählich geweckt und nimmt seine Führungsrolle wahr. Der vielschichtige Organismus ordnet die Seele nie dem Wunsche des Körpers unter, sondern umgekehrt, außer er wird von außen dazu gezwungen, beispielsweise durch die moderne Medizintechnik.

Dieses Buch liefert somit Ansätze zu einer metaphysischen Medizin, die nicht nur den grobmateriellen Leib behandelt, sondern auch dessen feinstofflich-energetische Körperhüllen, deren Existenz, Energieform und Funktionalität wohl in nicht allzu ferner Zeit erforscht und bewiesen werden können. Die heutige Medizin hat ihren Bezug zur Religion (Rückbindung an die Transzendenz) verloren, wie die dogmatische Theologie den zum geistigen Heilen. Beide haben wesentliche Aufgaben zu Unrecht delegiert. Die Rücknahme solch reduktionistischer und selbstbeschränkender Mechanismen würde den leidenden Menschen zum Segen gereichen.

Dieses Werk ist wegweisend für eine zukünftige integrierende Medizin, die auch eine global und spirituell orientierte Kosmogonie, Anthropologie und Eschatologie in Theorie und Praxis miteinbezieht. Die beschriebenen Methoden (Rituale, Meditation, Disziplin) könnten auch vorzüglich die Selbstheilungskräfte des heute noch oft so passiv-rezeptiven Patienten aktivieren.

Dem Autor, der sich lebenslang (in vielen Leben?) vom Großen Schöpfungsplan in Dienst genommen weiß, sei für seine großartige und umfassende Darstellung sehr gedankt.

Dr. med. Elisabeth Studer

Erstes Kapitel

Was ist die Kabbala?

Die Grundlehren der Kabbala sollen das Mysterium des Höchsten Wesens, seine Natur und Eigenschaften, die Kosmogonie, Erschaffung und Schicksal der Engel und Menschen, die Natur der Seele und der Engel, Dämonen und Elementargeister, die Bedeutung und den Symbolismus der Zahlen und hebräischen Buchstaben erklären. All diese Grundlehren sind im Baum des Lebens oder *Otz Chim* dargestellt.

Der Baum des Lebens

Der Baum des Lebens ist eine Glyphe der Schöpfung in Form eines entsprechenden Baumes (Abbildung 1). Er zeigt, wie die Kräfte vom Göttlichen hinabfließen in die unterste Welt und wieder zurück, aber er ist auch eine umfassende Darstellung des Menschen. Wie der Mensch ein Abbild der Schöpfung ist, ist die Schöpfung nichts weiter als die Widerspiegelung des Schöpfers. Wenn wir diese Vorstellung akzeptieren, können wir das, was unten ist, studieren, indem wir das, was oben ist, betrachten; was wir oben nicht beobachten können, können wir vielleicht durch die Betrachtung dessen, was unten ist, erkennen.

Es gibt ein absolutes und ein relatives Universum, und zwischen diesen liegen die Schleier der negativen Existenz. Das absolute Universum geht weit über die Unendlichkeit hinaus; es ist zeitlos, ohne Form, ohne Substanz, es ist nichts und doch alles – es *ist* einfach nur. Das relative Universum ist der Ausdruck der Schöpfung, die Entfaltung

15

eines göttlichen Impulses, ein unermeßliches Saatbeet, das Früchte hervorbringt, bei seiner Vollendung zerfällt und zu seinem Ursprung zurückkehrt, um wiedergeboren zu werden. Negative Existenz ist der Bereich zwischen Gottheit und Schöpfung. Es ist jener geheimnisvolle, unfaßbare, sogenannte leere Raum, der darauf wartet, gefüllt zu werden. Leere ist der unbewegliche Hintergrund, vor dem sich Zeit bewegt. Negative Existenz ermöglicht es dem Menschen, das zu sein, was er ist: Spiegelbild von Spiegelbildern, die perfekteste Widerspiegelung der Schöpfung. Kurz zusammengefaßt ist der Lebensbaum also eine symbolische Darstellung der angenommenen Beziehungen zwischen dem abstrakten Göttlichen und seiner Schöpfung, der konkreten Menschheit. Er verbindet wie ein Stammbaum Gott mit dem Menschen zusammen mit Engeln und anderen Wesen zu einer vollständigen bewußten Schöpfung. Da die Symbolik eines der wichtigsten Merkmale der kabbalistischen Disziplin ist, ist es unbedingt erforderlich, die Bedeutung, den Aufbau und die Anwendung der Symbole zu kennen, anderenfalls bestünde der Baum nur aus Linien und Punkten auf einem Blatt Papier.

Somit stellt das gesamte Diagramm der zehn Kreise, in der kabbalistischen Terminologie bekannt als *Otz Chim* oder Lebensbaum, die Kabbala dar – ein System von Entsprechungen und Merkmalen. Dies stimmt mit der biblischen Schöpfungsgeschichte überein, wo im Garten Eden der verbotene Baum der Erkenntnis stand, der in der kabbalistischen Philosophie dem Baum des Lebens entspricht.

Der Ursprung der Kabbala ist von Geheimnis, Mythos und Legende umgeben – und verständlicherweise umstritten, was sogar in der unterschiedlichen Schreibweise des Wortes zum Ausdruck kommt. Die Legende besagt, daß die kabbalistischen Mysterien seit undenkbaren Zeiten bestehen, und daß ihre uralten Lehren mündlich vom Meister an seine Schüler weitergegeben wurden, denn niemals war etwas niedergeschrieben worden.

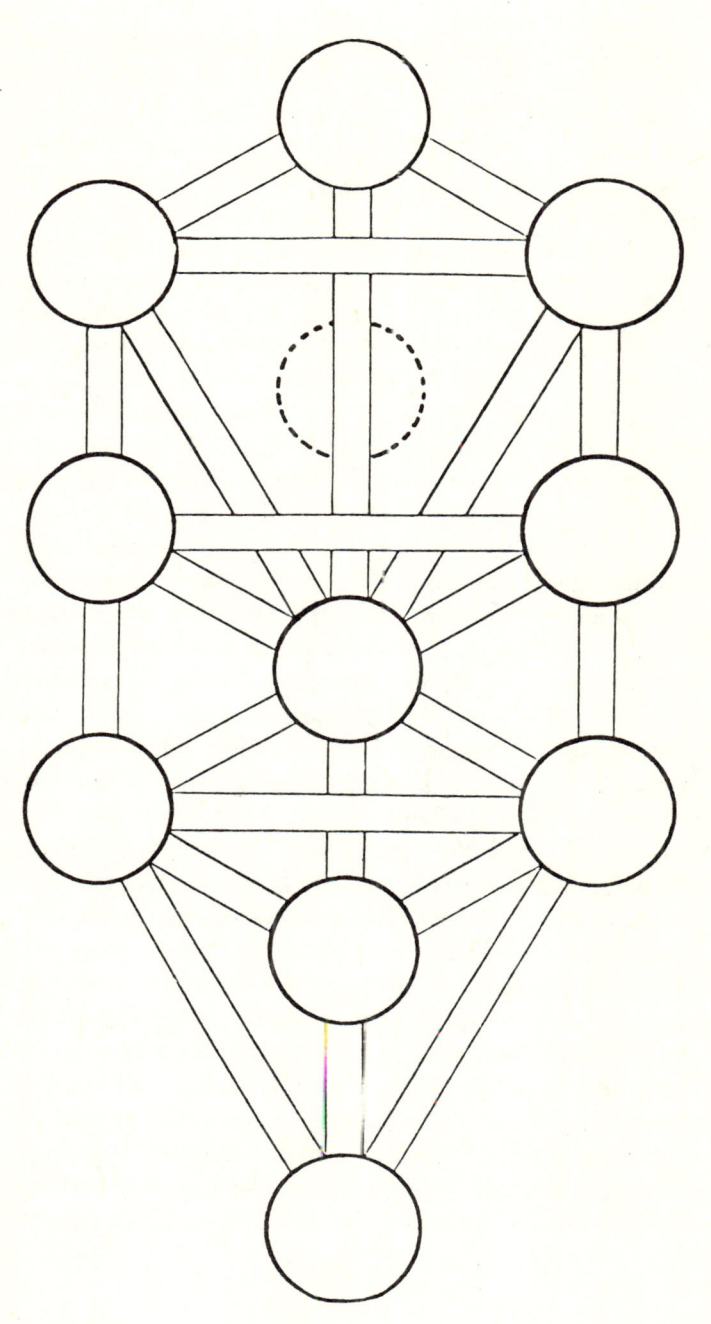

Das Wort Kabbala wird von der hebräischen Wurzel

$$\text{ל} \qquad \text{ב} \qquad \text{ק}$$

Lamed Beth Qoph

abgeleitet.

Es bedeutet »empfangen« und bezieht sich auf die mündliche Überlieferung des esoterischen Wissens. Der Überlieferung zufolge war es Gott selber, der die Kabbala zuerst einer ausgesuchten Engelschar lehrte, die eine theosophische Schule im Paradies bildete. Die Engel ließen sich nach ihrem Fall gnädig dazu herab, die Lehre Adam zu übermitteln, und von ihm wurde sie an die Patriarchen weitergegeben, an Noah, Abraham und Moses. Letzterer weihte die 72 Ältesten seines Sanhedrins in die Geheimnisse der Lehre ein. Von all jenen, die die ungebrochene Tradition übernahmen, galten die Könige David und Salomon, vor allem Salomon, als besonders tief in die Mysterien der Kabbala eingeweiht. Niemand jedoch wagte sie niederzuschreiben, bis der berühmte Rabbi Simeon ben Jochai einige ihrer Lehren aufzeichnete. Diese Abhandlungen wurden nach seinem Tod von seinem Sohn und seinem Sekretär zusammengestellt und herausgegeben. Sie bilden das bekannte Werk »Sohar« oder Glanz.

Es heißt, daß die Anwendung und Philosophie der modernen Kabbala von den Kreuzrittern im Osten während ihres Arabienfeldzugs gegen die Sarazenen entdeckt und im Westen eingeführt wurden, nachdem einige von ihnen initiiert und in dieser Lehre unterrichtet worden waren. Im Laufe der Zeit wurde sie modernisiert und weiterentwickelt, um dem westlichen Intellekt entgegenzukommen, und dem jüdisch-christlichen Konzept des religiösen Systems, Dogmas und der Philosophie einverleibt.

Das Wort Kabbala bedeutet »vom Mund zum Ohr«, und es liegen verschiedene legendäre Darstellungen vor, denen zufolge vor der Vermittlung des Wissens anscheinend grundsätzlich verlangt wurde, daß die zukünftigen Schüler ihre Eignung durch eine Reihe von Initiationen und Prüfungen unter Beweis stellten. Den Höhepunkt dabei bildete das Erklimmen der Spitze eines Berges oder höchsten Gipfels in der Umgebung.

Dort wurden besondere Rituale durchgeführt, die der Schüler sich manchmal selbst ausdenken mußte. War das Ergebnis erfolgreich, bezeugte dies, daß er würdig war und genügend Können in der uralten Wissenschaft besaß und damit die Fähigkeit zur Weiterentwicklung. Nach erfolgreichem Abschluß dieses Rituals erschien ein Engelwesen, das durch Symbole Anweisungen gab und dem Neophyten ein Wort vom Mund zum Ohr übermittelte.

Dieses Wort wurde vom Neophyten – Schüler – an seinen Meister weitergegeben, und der Schüler erhielt dafür ein anderes Wort. Dies vollendete die Vorbereitung des Schüles für die Teilnahme am Wissen und an der Praxis der theurgischen Künste. So gelehrte Männer wie Jamblichos, Plotin, Ammonios, Porphyrios und andere können als Beispiel dafür dienen.

Die moderne Kabbala wird in vier Teile unterteilt: die schriftliche, die ungeschriebene, die dogmatische und die praktische Kabbala. Davon unterscheidet sich das klassische System der frühen Christen, die die Wissenschaft nach ihrem Gebrauch in fünf Abschnitte einteilten: die natürliche, die analoge, die kontemplative, astrologische und die magische Kabbala, die von jenen studiert wurde, die die Kontrolle über Dämonen und subhumane Intelligenzen zu gewinnen wünschten.

Die praktische Kabbala beschäftigt sich mit der Herstellung von Talismanen, magischen Utensilien und Ritualen.

Die schriftliche Kabbala besteht aus drei Teilen:

1. Gematria
2. Notarikon
3. Temura

1. Gematria

א י ט מ ר ג   ג מ ט ד ר י א

A I T M R G   A Y R T M G

GEMATRIA   GEMATRIA

Das Wort Gematria ist eine Permutation oder Metathesis des Wortes Gramatia, das aus dem Griechischen stammt und Grammatik oder Buchstaben bedeutet. Sie beruht auf dem relativen Zahlenwert der Buchstaben und Wörter. Zum Beispiel:

מ י ה ל א   ר ז ח

M I H L A   CH U R

ELOHIM   RUACH

(Gott des Atems)

40 10 5 30 1   8 6 200 = 300

300 ist der Zahlenwert des Buchstabens shin, der »Geist« bedeutet. Demnach ist Ruach Elohim gleichbedeutend mit Geist. Wörter oder Satzteile mit den gleichen Zahlenwerten erklären sich gegenseitig.

2. Notarikon:

נ ו ט ר י ק ו ן

N O Q I R T O N

NOTARIKON

Das Wort Notarikon stammt vom Lateinischen »notarius« und bedeutet Stenograph. Bei dieser Methode werden

20

die Anfangsbuchstaben der Wörter eines Satzes dazu verwendet, ein anderes Wort oder einen neuen Satz zu bilden.
Als Beispiel: Eine Bezeichnung der Kabbala ist

ה ד ט ס נ   ח כ מ ה

H R T S N   H M K Ch

NESETHRAH   CHOKMAH

(Geheimnis)   (Weisheit)

N   Ch

(Heh)   (Gnade)

Das besagt, daß die geheime Weisheit nur durch die
Gnade Gottes gewährt werden kann.

3. Temura:

ה ר ז מ ט

H R U M T

TEMURA

(Permutation)

Bei dieser Methode werden durch zahlreiche und kom-
plizierte Permutationsregeln einzelne Buchstaben des
hebräischen Alphabets durch andere ersetzt.

MacGregor Mathers war der erste, der die drei Abhandlungen aus der lateinischen Fassung von Knorr von Rosen-
roth ins Englische übersetzte, und Mathers verglich sie mit
den Originaltexten der Chaldäer und Hebräer.

Zur *ungeschriebenen Kabbala* gehört jenes Wissen, das
keinem schriftlichen Dokument anvertraut wurde. Mac-

Gregor Mathers sagte darüber in seiner *Kabbalah Unveiled*, daß er nicht enthüllen könne, ob er es erhalten habe oder nicht. Wie auch immer, es besteht fast überhaupt kein Zweifel daran, daß einige Teile der ungeschriebenen Kabbala in die Lehren des *Golden Dawn* aufgenommen wurden, der zu der Zeit ein Geheimorden war.

Die dogmatische Kabbala beschäftigt sich mit den philosophischen Konzepten der Lehre und umfaßt die folgenden Bücher:

1. Das Buch der Schöpfung

H   R   Y   Tz   Y   R   P   S

Yetzirah   Sepher

(Schöpfung   Buch)

Es behandelt die Kosmogonie, wie sie von den 10 Zahlen und 22 Buchstaben des hebräischen Alphabets symbolisch dargestellt wird, die zusammen als die 32 Pfade der Weisheit bezeichnet werden.

2. Der Sohar

R   H   Z   – H –   R   P   S

Sohar   he   Sepher

(Glanz des Buches)

Seine drei Hauptteile sind:

Das Buch des Mysteriums.
Die große Heilige Versammlung; eine Fortführung des Buches des Mysteriums.
Die kleine Heilige Versammlung; eine Ergänzung zur Großen Heiligen Versammlung.

Diese drei Bücher handeln von der allmählichen Entwicklung des Demiurgen (Schöpfergottes) in der manifestierten Welt.

Der Sohar enthält außerdem zwei ganz kurze Teile von Abhandlungen. Der erste ist *Das Haus Elohims*. Dieser Teil handelt von Engeln, Genien, Elementargeistern und Seelen. Der zweite, *Das Buch von den Seelenwanderungen*, erläutert die Lehre der Reinkarnation.

3. Das dritte Buch ist *Das Buch der Emanationen*. Es erklärt die allmähliche Entwicklung der Ersten Ursache von der negativen zur positiven Existenz.

4. Das vierte Buch erhielt den Titel *The Purifying Fire* von Westcott. Es ist eine alchemistische und hermetische Abhandlung.

Der Zusammenhang zwischen Kabbala und Heilung ganz allgemein und die praktische Anwendung der Heilung im besonderen, gehen besonders deutlich aus der Praxis der magischen Kabbala hervor. Zur Zeit der frühen Christen (104 n. Chr.) wurde diese hoch geschätzt. Es handelte sich hierbei um eine Methode zur Heilung der Kranken mit Talisman, Anhänger, Amulett oder Beschwörung (siehe Manly P. Halls enzyklopädischen Abriß der *Secret Teachings of All Ages*).

Eine nähere Erklärung darüber, was die Kabbala ist und in welchem Zusammenhang sie zur Heilung steht, gibt ein Auszug aus Dr. Ginsbergs *Essay on the Kabbalah*, das auch S. L. MacGregor Mathers in seiner *The Kabbalah Unveiled* (einer Übersetzung der *Kabbalah Denudata* aus dem Lateinischen) erwähnt und auf das er Bezug nimmt. Es erläutert folgendes: »Ein System der Religionsphilosophie – oder genauer der Theosophie –, das nicht nur jahrhundertelang einen außerordentlichen Einfluß auf die geistige Entwicklung so gewitzter Leute, wie es die Juden sind, ausgeübt hat, sondern auch den Geist einiger der größten Denker des Christentums des 16. und 17. Jahrhunderts faszinierte. Sowohl Philosophen als auch Theologen ließen ihm höchste Beachtung zukommen, darunter Raimundus Lullus, der berühmte Metaphysiker und Alchemist der Scholastik (gest. 1315); Johannes Reuchlin, bekannter Gelehrter und Wiederbeleber der orientalischen Literatur in Europa (geb. 1455, gest. 1522); Giovanni Pico della Mirandola, der bekannte Philosoph und Humanist (1463–1494); Heinrich Cornelius Agrippa von Nettesheim, der hervorragende Philosoph, Theologe und Arzt (1486–1535); Johann Baptista von Helmont, ein bemerkenswerter Alchemist und Arzt (1577–1644); ebenso der Engländer Robert Fludd, der bekannte Arzt und Philosoph (1574–1637); und Dr. Henry More (1614–1687). Alle diese Männer fanden die Bedürfnisse ihres Geistes durch diese Theosophie befriedigt, nachdem sie unaufhörlich nach einem wissenschaftlichen System gesucht hatten, das ihnen die ›tiefsten Tiefen‹ der göttlichen Natur enthüllen sollte und ihnen das wahre Band aufzeigte, das alle Dinge miteinander verband. Die Ansprüche, die die Kabbala an die Aufmerksamkeit der Schüler bezüglich Literatur und Philosophie stellt, sind leicht einzusehen.«

Daher umfaßt dieses neue Konzept der Heilung, das sich auf die Kabbala bezieht, das Fortschreiten der Seele vom Uranfang ihrer Erschaffung hinunter in die Materie und zurück zum Ursprung ihres Seins. Während dieser Periode der Rückbildung und Fortentwicklung reflektiert und übermittelt die Seele ihrem spirituellen Zentrum die Erfahrung, die sie aus ihrer Verbindung mit und durch die vier kabbalistischen Welten gemacht hat: Atziluth, das reine Göttliche; Briah, die Welt der Schöpfung; Yetzirah, die Welt der Form; und Assiah, die Welt der Materie oder des Handelns.

Zweites Kapitel

Die Kabbala und ihre Beziehung zur Heilung

Gott des Universums, der Du in der Stille wirkst und
den nichts als Stille ausdrücken kann –
Schöpfer aller Dinge, der sichtbaren und unsichtbaren –
Wache über diese Erdenkinder, die hier versammelt
sind, besonders über ihn/sie, der/die auf dem Weg zu
den inneren Sphären ist.
Gewähre uns allen einen Blick auf den Pfad des Lichts,
der uns zu Deinem heiligen Geist führen wird, damit
wir wiederum eins werden mit Dir
und so vollenden das Magnum Opus – das Große
Werk –, für das alle erschaffen sind.

Die drei Säulen

Der *Otz Chim* oder Baum des Lebens wird mit zehn Kreisen dargestellt, die drei Säulen bilden, wobei die mittlere Säule aus vier Kreisen besteht und die beiden seitlichen Säulen aus je drei Kreisen. Die klassische Glyphe weist eine zusätzliche Sephira mit dem Namen *Daath* auf, die sich auf der mittleren Säule zwischen der ersten und zweiten Sephira befindet. Dieser Bereich ist als der Abgrund bekannt, der die Schwelle zwischen dem intellektuellen Bewußtsein des Menschen und seinem intuitiven oder höheren Selbst kennzeichnet. Die rechte Säule trägt den Namen Strenge, die linke den Namen Gnade, und dazwischen liegt die Säule der Mitte. Die Sephiroth auf diesen Säulen sind benannt und numeriert.

Den Sephiroth werden Fehler und Tugenden zugeordnet,

zusammen mit einer Reihe von Symbolen, Farben, Planeten, hebräischen Buchstaben und anderen Merkmalen, und zu allen wurden von verschiedenen Schulen kabbalistischen Denkens Konzepte auf unterschiedliche Art ausgearbeitet und festgelegt.

Für den Schüler dieser uralten Weisheitslehre ist es wichtig, sich immer vor Augen zu halten, daß die Kabbala, die »vom Mund zum Ohr« bedeutet, seit undenklichen Zeiten auf der ganzen Welt benutzt wurde, beispielsweise von den Chaldäern, Babylonieren, Ägyptern, den Römern, Griechen, jüdisch-christlichen und östlichen Zivilisationen, und daß gerade wegen dieses verschiedenartigen Gebrauchs ihre Begriffe den verschiedensten Auslegungen und Einfügungen unterworfen waren. Demnach gilt, was William Gray in *The Ladder of Lights* folgendermaßen ausgedrückt hat: »Um die sephirotischen Anordnungen als einzelne Konzepte behandeln zu können, wurden sie durch sogenannte Pfade oder Kanäle verbunden. Die Position und Benennung dieser Pfade sind eine Hauptursache für die Meinungsverschiedenheiten zwischen den Kabbalisten. Wenn überhaupt, dann gibt es nur wenige Uneinigkeiten, was die Sephiroth selbst betrifft, die Pfade aber wurden mehr zu einem Schlachtfeld gegnerischer Okkultisten als friedliche Promenaden auf der Suche nach Wissen. Jede einzelne Schule nimmt eine Auswahl von Ziffern, Buchstaben, Tierkreiszeichen und Tarotkarten und ordnet diese widersprüchlichen Symbole irgendwelchen Pfaden zu, die ihnen gerade am geeignetsten erscheinen. Dann erklären sie ihre eigene Lehre als unfehlbar und verachten alle Ungläubigen.«

»Die ursprünglichen Kabbalisten legten keine derartigen verbindlichen Zuordnungen fest, außer daß sie ein Sephirothpaar mit jedem Buchstaben des hebräischen Alphabets verbanden, damit sie sich in ihrer eigenen Sprache mit dem Baum verständigen konnten. Die meisten der Tarot- und anderen Verbindungen zu den Pfaden wurden erst später von all jenen hergestellt, die dies als zweckmäßig für sich ansahen, was aber für andere nicht unbedingt auch zutraf. Die Tatsachen der Pfadzuordnungen sind recht einfach.«

Die negativen Schleier

Die drei Schleier der negativen Existenz enthalten in sich selbst verborgene und potentielle Ideen der Sephiroth, die noch nicht in manifestiertes Sein gerufen wurden. Der erste Schleier der negativen Existenz AIN אין setzt sich aus drei Buchstaben des hebräischen Alphabets zusammen und umfaßt die ersten drei Sephiroth. Der zweite Schleier AIN SOPH אין סוף besteht aus sechs Buchstaben und wirft den Schatten der ersten sechs Sephiroth voraus. Der dritte Schleier negativer Existenz AIN SOPH AUR אין סוף אור besteht aus neun Buchstaben und wirft den Schatten der ersten neun Sephiroth voraus. Aber bei Nummer 9 angelangt, können wir nicht weiter fortschreiten, ohne zur Einheit zurückzukehren, denn Nummer 10 ist nichts anderes als die Wiederholung der Einheit, die sich aus 0 (NICHTS) manifestiert.

Der Lichtblitz

Das Meer endlosen Lichts AIN SOPH AUR konzentriert sich also im Zentrum *Kether*, die Nummer 1 der manifestierten Sephiroth, und in Nummer 10 *Malkuth*. Dieser konzentrierte Lichtpunkt steigt als Lichtblitz herab und emaniert vom Punkt *Kether* durch die Sephiroth und verbindet sie auf diese Weise in einer Zahlenreihe, bis er schließlich die zehnte Sephira *Malkuth* erreicht.

Die zweiundzwanzig Pfade des Baums des Lebens

Wie wir gesehen haben, sind die Sephiroth durch den Lichtblitz miteinander verbunden, aber es gibt auch Verbindungslinien zwischen den Kreisen, so daß der Baum selbst als ein zusammenhängendes System angesehen werden kann. Alle diese Verbindungslinien, der Blitz mit eingeschlossen, werden *Pfade* genannt.

Zwischen den Sephiroth finden wir zweiundzwanzig Verbindungspfade, und jeder Pfad symbolisiert das Gleichgewicht zwischen den zwei Sephiroth, die er miteinander verbindet. In diesem Zusammenhang sind also auch die zehn Sephiroth Pfade.

Hier werden wir uns nur mit den Verbindungspfaden beschäftigen, den zweiundzwanzig Pfaden. Diese können auf zwei verschiedene Weisen betrachtet werden. Das klassische System wurde von den frühen Christen und dem *Golden Dawn (G. D.)* benutzt – einem hermetischen Orden der westlichen Tradition zur Ausübung der kabbalistischen Disziplinen, besonders jener der Theurgie – und wird auch heute noch von vielen Gruppen allgemein angewandt. Die zweite Betrachtungsweise ist die moderne.

Das System, das jetzt in Gebrauch ist, ist das klassische System, aber es sollte betont werden, daß keines von beiden besser ist als das andere, einfach nur verschieden, und daß beide für die kabbalistische Philosophie und Praxis viel zu bieten haben.

Das klassische System

Die Pfade entfalten sich in Phasen; sie beginnen bei *Kether* und enden bei *Yesod.* So wie sie sich entfalten, werden sie mit Nummern von elf bis zweiunddreißig versehen, wobei den zehn Sephiroth die Zahlen eins bis zehn zugeordnet werden.

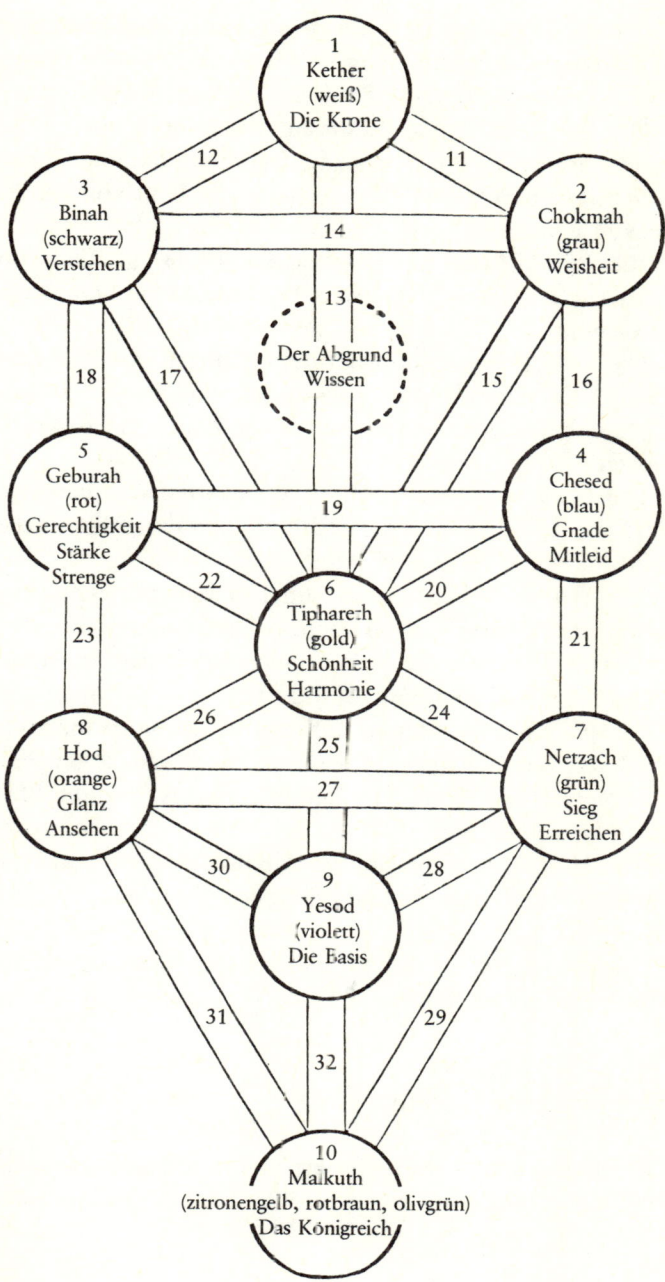

Die *Kether-Phase* führt auf dem elften Pfad von Kether zu Chokmah, auf dem zwölften Pfad von Kether zu Binah und auf dem dreizehnten Pfad von Kether zu Tiphareth.

Die *Chokmah-Phase* führt auf dem vierzehnten Pfad von Chokmah zu Binah, dem fünfzehnten Pfad von Chokmah zu Tiphareth und dem sechzehnten Pfad von Chokmah zu Chesed.

Die *Binah-Phase* führt auf dem siebzehnten Pfad von Binah zu Tiphareth und dem achtzehnten Pfad von Binah zu Geburah.

Die *Chesed-Phase* führt auf dem neunzehnten Pfad von Chesed zu Geburah, dem zwanzigsten Pfad von Chesed zu Tiphareth und dem einundzwanzigsten Pfad von Chesed zu Netzach.

Die *Geburah-Phase* führt auf dem zweiundzwanzigsten Pfad von Geburah zu Tiphareth und dem dreiundzwanzigsten Pfad von Geburah zu Hod.

Die *Tiphareth-Phase* führt auf dem vierundzwanzigsten Pfad von Tiphareth zu Netzach, dem fünfundzwanzigsten Pfad von Tiphareth zu Yesod und dem sechsundzwanzigsten Pfad von Tiphareth zu Hod.

Die *Netzach-Phase* führt auf dem siebenundzwanzigsten Pfad von Netzach zu Hod, dem achtundzwanzigsten Pfad von Netzach zu Yesod und dem neunundzwanzigsten Pfad von Netzach zu Malkuth.

Die *Hod-Phase* führt auf dem dreißigsten Pfad von Hod zu Yesod und dem einunddreißigsten Pfad von Hod zu Malkuth.

Die *Yesod-Phase* führt auf dem zweiunddreißigsten Pfad von Yesod zu Malkuth.

Das moderne System

Die Pfade folgen dem Lichtblitz und vollenden den Kreislauf des Energieflusses nach oben zu der ersthöchsten

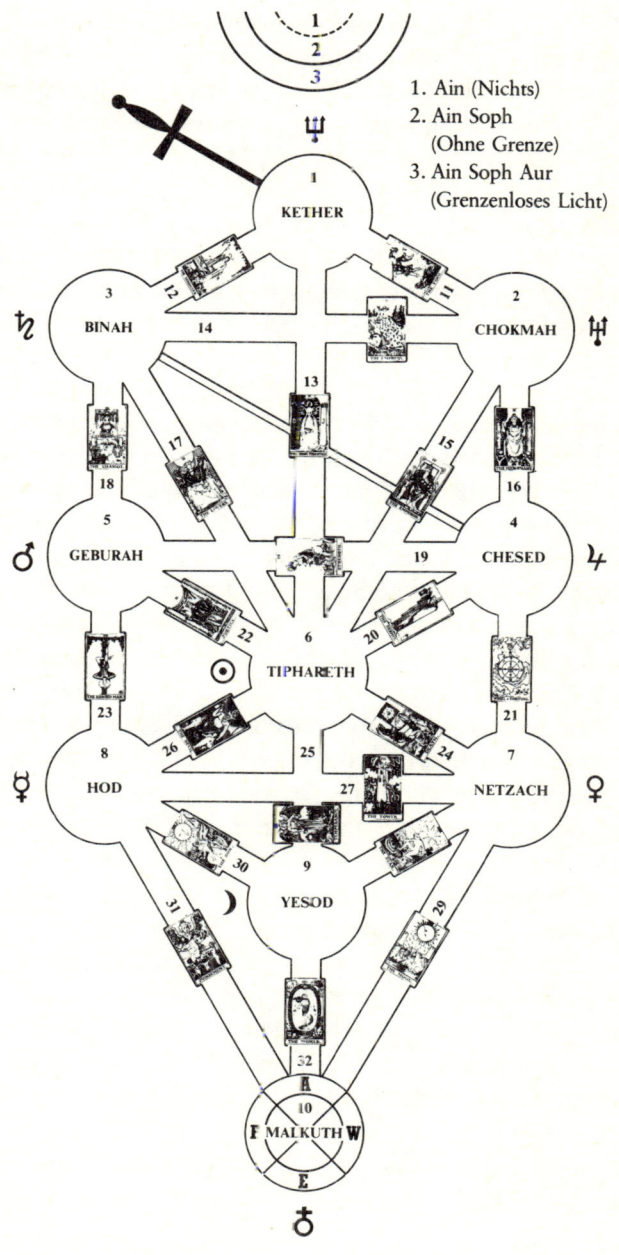

1. Ain (Nichts)
2. Ain Soph
   (Ohne Grenze)
3. Ain Soph Aur
   (Grenzenloses Licht)

Sephira und dann zu der nächsthöchsten Sephira. Der Grund für diese Abweichung vom klassischen System ist, daß der Energiefluß innerhalb des Baums beständig und zyklisch ist, wie ein elektrischer Kreislauf.

Lebensbereiche

Jeder Sephira ist ein Lebensbereich zugeordnet, in dem ihre Merkmale als Tugenden oder Fehler vorherrschen. Es sind dies die folgenden:

Malkuth-Lebensbereich – zehnte Sephira, umfaßt das Physische, das materielle Reich in der Natur. Die Sephira der Tat, der Veränderung, der Manifestation. Der abschließende spirituelle Abstieg des Menschen in die Materie.
Tugend – Urteilsvermögen aus Erfahrung
Fehler – Trägheit, Habgier

Yesod-Lebensbereich – Das ist der Bereich der Basis. Das Bindeglied zwischen Materie und dem Tor zur spirituellen Entfaltung in der Schönheit von Tiphareth, mit der Reflexion des göttlichen Lichts von Kether. Die Basis der Materie übertragen in spirituelle Tat. Es ist der Bereich der Psyche, des Instinkts, der Imagination, der ätherischen und Astralwelt.
Tugend – Unabhängigkeit
Fehler – Eitelkeit, Faulheit

Hod-Lebensbereich – Intellekt und Kommunikation. Die unterste Sephira der Säule der Strenge oder Form und die erste Abweichung vom Gleichgewicht.
Tugend – Pracht, Ansehen, ehrliche Kommunikation, Wahrheit
Fehler – Unehrlichkeit

Netzach-Lebensbereich – Die unterste Sephira der Säule der Kraft, die die Polarität zu *Hod-Emotionen* darstellt.
Tugend – Sieg, Leistung, Selbstlosigkeit
Fehler – Wollust

Tiphareth-Lebensbereich – Das ist die Opferung des *Selbst*.
Tugend – Hingabe, Harmonie, Schönheit
Fehler – Stolz

Geburah-Lebensbereich – Das ist Konflikt und Kampf.
Tugend – Mut, Treue, Gerechtigkeit, Stärke
Fehler – Grausamkeit, Härte

Chesed-Lebensbereich – Der Gegenpol zu Geburah, der Autorität. Die Fähigkeit, die Macht der Autorität mit Gerechtigkeit und Gnade gutzuheißen, ohne dabei schwach zu sein.
Tugend – Demut und Gehorsamkeit, Bescheidenheit, Mitgefühl
Fehler – Völlerei, Bigotterie, Scheinheiligkeit und Tyrannei

Binah-Lebensbereich – Das Wissen um die vereinenden Kräfte der Schöpfung. Als die Spitze der Säule der Form ist sie das Wissen von der Natur dieser Kräfte und gibt der Energie das vereinende Element, mit dem die realisierten Kräfte sich als einheitliches System manifestieren.
Tugend – Ruhe, Beobachtung, Zuhören
Fehler – Habgier, Aneignung von Wissen zur Selbstver-herrlichung

Chokmah-Lebensbereich – Ist ebenso Wissen, aber gesteigert durch die Erfahrung der zwei gegenläufigen Kräfte von Gut und Böse, und die Weisheit, diese in sich selbst ins Gleichgewicht zu bringen, als der Vater aller Kräfte, die aus Kether emanieren.

Tugend – Wissen gesteigert durch Weisheit
Fehler – Gut und Böse

Kether-Lebensbereich – Das ist Erfüllung, die Vollendung des Magnum Opus, des »Großen Werks«. Die Erfüllung der Krone der Perfektion im Dienst und der Vereinigung mit der Gottheit, was das höchste Ziel des Kabbalisten und in der Tat aller spirituellen Disziplinen ist.

Tugend – Die Erfüllung selbst, und da diese Sephira die vollendete Einheit darstellt, hat sie keine Fehler, da es in der Einheit keine Dualität mehr gibt.

Drittes Kapitel

Die Philosophie der Kabbala

Beschwörung der Flamme

Ich rufe dich, oh lebendiger Gott,
strahlend mit leuchtendem Feuer!
Oh, unsichtbarer Vater der Sonne,
ergieße dein Licht und gib Kraft
und gib Energie diesem göttlichen Funken.
Tritt ein in diese Flamme und belebe sie
mit dem Atem deines Heiligen Geistes,
offenbare deine Kraft und öffne mir
den Tempel des Allmächtigen Gottes,
der in diesem Feuer ist!
Offenbare dein Licht zu meiner Erneuerung
und laß die Weite, Höhe, Fülle
und Krone der strahlenden Sonne erscheinen,
und möge Gott im Inneren erstrahlen.

Aus *Greek Magical Papyrus* von Dr. Karl Wessly, 1888

Das Vaterunser in Aramäisch

Avon Dvashmaya, Nithkadash Schmakh:
Taty Malcothakh;
Nehwex Sevianakh Aizuna Dvashmaya Op Carach,
Havlan
Lakhma Dsonhanan Yomana: Washboklan Khoben
Aicuna
Dopkhanan Shabakn Ikhayaven. Oola Talanlinuanna,
Ella Passan Min Bisha! Mittol Dedilakhye Malkotha
Okhela Ootishbokhta Lalam Almin: Amen.

35

Es gibt zwei Seinszustände: zu existieren und zu lieben; beide emanieren aus dem einen Ursprung. Dieser Daseinszustand enthält die Auswirkungen der Umwelt, die das Wesen durch seine Sinnesorgane aufnimmt, und so werden Zustände geschaffen und Erfahrungen gespeichert.

Viele nennen das Dasein, Leben, Sein. Aber dieser Zustand ist nur vorübergehend und ändert sich bald, um automatisch immerfort wiederholt zu werden. So eine Erfahrung brennt sich in das Seelenbewußtsein ein, und im Verlauf erneuter Existenzen wird es schließlich als die eine ewige Quelle des Lebens erkannt, die in allen Existenzen zum Ausdruck kommt.

Diese Existenzen verknüpfen die Seele während ihres Aufenthalts in der Materie wie Perlen an einer Schnur, bis zu dem Augenblick, in dem durch die Anstrengung göttlichen Willens, der in allem inhärent ist, die Fesseln gesprengt werden. Jetzt ist die Seele frei und ohne Individualität als solche, und sie entsteht neu, voll und ganz sich selbst bewußt, aber doch mit allem eins, um wahrhaftig zu sein und in allem ewig zu leben.

Die drei Prinzipien des Lichts, der Weisheit, des Wissens und Verstehens, die Vorläufer des Wissens, sind die Tugenden, die jene Seele umhüllen, die die *Wahrheit* erfährt. Werden diese Tugenden aber nicht in den Dienst anderer gestellt, wird das abnehmende Ego von Selbstgerechtigkeit unterdrückt, was seinen spirituellen Fortschritt nicht fördert. Jede in der materiellen Welt gemachte Erfahrung verhilft demnach dem Individuum zu Gelegenheiten, Fehler zu korrigieren und alle Schuld auszugleichen.

Der Weg zur Freiheit führt über die eigene Selbsthingabe an die Führung von innen, dem Zentrum. Die gesamte Schöpfung entwickelte dieses leitende Prinzip auf verschiedenen Ebenen und in unterschiedlichem Maße. Jede Ebene mit ihren inhärenten Tugenden führt die vorbereitete Seele hin zur Erfüllung ihres Schicksals. Als Vorbereitung für diese Reise auf dem Weg der Freiheit dienen die persönlichen Erfahrungen in dieser sterblichen Existenz, so daß nach vielen Wanderungen und im Verlauf der Evolution die Seele schließlich allwissend, allumfassend, ganz eins mit dem Schöpfer wird. Auf diese Weise wird wahre Freiheit erlangt und bewahrt.

Gedanken, Worte und Taten sind allesamt Produkte des Geistes, der auf verschiedenen Seinsebenen wirkt. Der Gedanke ist dabei Voraussetzung für das Bewußtsein des Selbst.

Dieses Selbst besteht aus der ganzen Lebenserfahrung in dieser gegenwärtigen Existenz, und die drei Merkmale seiner Natur sollten dazu benutzt werden, eine ausgeglichene Beziehung und gegenseitige Kommunikation mit anderen Kreaturen der Schöpfung zu erreichen.

Werden diese drei zum Wohle anderer genutzt, nicht um des Dienstes willen, sondern zum Zweck der Zusammenarbeit mit den fortgeschrittenen Seelen der Schöpfung zur Förderung dieses Evolutionsstadiums, dann erwirbt man sich das Recht, aus dem Rad der Wiedergeburt entlassen zu werden, an das wir gebunden sind. Nur so wird Gerechtigkeit geübt und das Schicksal dem Gesetz nach erfüllt.

Warum bin ich hier? Wer bin ich? Was bedeutet das Leben? Warum geschieht das mir? Was bringt mir die Zukunft? Werde ich jemals glücklich sein? Ich wünschte, ich könnte dieses oder jenes erreichen.

Alle diese Fragen sind seit der Erschaffung des Menschen von ihm gestellt worden. Gibt es eine Antwort? Diese letzte Frage ist die Frage aller Fragen und kann auch sehr bestimmt und exakt beantwortet werden. *Nein.* Es gibt keine Antwort, denn die Ursache dieser Fragen ergibt sich aus vorhergehenden Fragen, die wiederum die Auswirkung der einen Frage sind – der natürliche Lebensraum der suchenden Seele. Diese Fragen und ihre Antworten sind also nur vorübergehende Erfahrungen als Nahrung für die suchende Seele, um sie in den Bemühungen zur Erfüllung ihrer Aufgabe zu unterstützen. Die Persönlichkeit wird dann zur Zusammenarbeit mit dem höheren Selbst des Individuums angeregt und hilft durch diese Anstrengung, dem wahren Selbst sein Ziel, die Einheit mit seinem Ursprung, zu erreichen. Das führt zur Selbstverwirklichung durch die Erleuchtung der Seele.

Es gibt keine Antwort auf diese Frage aller Fragen, da es überhaupt keine Frage gibt, die zu beantworten wäre, nur das Leben und das Sein und die Erleuchtung des Selbst.

Die abschließenden Worte vieler Begräbnisfeierlichkeiten sind: »Oh Tod, wo ist dein Stachel; oh Grab, wo ist dein Sieg?« Diese Worte setzen voraus, daß ein Kampf zwischen gegnerischen Parteien für die eine im Stachel des Todes endet und für die andere mit dem Sieg über das Grab. Aber wer sind die Parteien in diesem Streit, und womit wird der Stachel des Todes und der Sieg über das Grab verglichen? Betrachten wir diese Feststellungen eingehender, erkennen wir, daß sie dem Wechsel entsprechen, der auf der Reise der Seele durch die Evolution stattfindet.

Der Stachel des Todes ist das Akzeptieren der Begegnung der Seele mit dem Tod, und dieses Akzeptieren bedeutet den Sieg über das Grab, das nur die Überreste der materiellen Existenz bewahrt, die zu neuem Material für zukünftige Inkarnationen der Seele umgewandelt werden. Nur die Seele, die den Stachel des Todes erfährt, weiß, was ein Sieg über das Grab bedeutet, und dieses Wissen kann an keine andere Seele weitergegeben werden, außer als Beispiel und durch Verdienst.

Der Stachel des Todes wird zur Ekstase des Lebens werden. Der Sieg über das Grab wird die Auferstehung des Körpers sein, und die erleuchtete Seele wird wie ein Stern für ewig leuchten.

Der Mensch als Heiler

Vom Menschen als Heiler spricht man eigentlich in der Bedeutung des Menschen als Vorbild, des Menschen als Denker. Versuche, die Ganzheit zu denken. Versuche, Ganzheit zu veranschaulichen, und du wirst langsam einen Zustand der Ganzheit um dich herum schaffen, der zu gegebener Zeit auch auf jene ausstrahlen wird, mit denen du ein Ganzes werden willst. Ob dies jedoch auch die von dir erwünschten Ergebnisse bringen wird, ist eine andere Frage. Wir beschäftigen uns im Augenblick nicht mit den Resultaten, denn Resultate hängen hier direkt von den verschiedenen Entwicklungsstufen ab und sind immer an das unumstößliche Gesetz gebunden, das sie umfaßt. So ist dein Wunsch nach Ganzheit ein Wunsch nach Harmonie in dir selbst. Ist er auf deine Mitmenschen gerichtet, hast du den Wunsch, daß diese Ganzheit ein Teil deines gesamten Lebens wird. Wichtig dabei ist, daß du deinen Standort in dieser Entwicklung zur Ganzheit erkennst. Dann kannst du zu einem kreativen Energiefunken werden, und du wirst auf jene ausstrahlen, die mit diesem Zustand schon ähnlich in Einklang stehen.

Nicht der Mensch selbst führt die Heilung durch. Der Mensch heilt nicht. Das Entwickeln der Harmonie in deiner Natur bewirkt eine Reaktion im ganzen Universum, und wer auf dieselbe Weise damit verbunden ist, reagiert und empfängt in dem Maße, in dem er in Einklang dazu steht. Das zeigt, warum gewisse gewünschte Stadien der Heilung immer durch denjenigen bestimmt werden, der geheilt werden möchte.

In diesem Zusammenhang gibt es noch einen weiteren Aspekt. Könnte dieser Wunsch durch den Zusammenschluß mit anderen Gleichgesinnten noch verstärkt zum Ausdruck gebracht werden, dann würdest du nicht nur ein Zentrum kreativer Kraft schaffen, sondern auch das Göttliche in dir und deinen Mitmenschen in einem Umfang offenbaren, daß du in völliger Harmonie an der Vollendung der Ganzheit des Lebens mitwirkst. Wenn du mit anderen zusammenkommst und diesen Heilungswunsch deutlich machst, wirkst du bewußt oder unbewußt auf jene, mit denen du verbunden bist. Bei dieser Gelegenheit kommst du als »Mensch der Heiler« voll zum Ausdruck.

Das Prinzip der Einheit in der Philosophie der Kabbala besagt, daß die Einheit mit allem von der Einheit in dir abhängt, denn du bist auf Eins gekommen, du bist die manifestierte Schöpfung von Eins – Mensch geworden – das Abbild des kreativen Willens des Absoluten. Deshalb hast du die Fähigkeiten von Eins, begrenzt in der Ausdrucksmöglichkeit entsprechend der Ausübung des freien Willens, im Rahmen des universellen Gesetzes, das alle erschaffenen Wesen regiert und charakterisiert.

Eins ist Energie in ihrer ursprünglichen Form, und auch du bist Energie. Bist du also in Einheit mit dir selbst, in körperlicher, geistiger und spiritueller Harmonie, wird die Energie, die du durch die richtigen Gedanken und Taten ausstrahlst, in ähnlicher Weise in anderen widergespiegelt werden. Damit schaffst du Einheit mit allem und erfährst diese in dir.

Es liegt nicht in deiner Verantwortung, wenn eine Person, die mit dir nicht in Harmonie ist, nicht darauf reagiert. Du weißt, daß richtiges Denken und Handeln Einheit in dir selber schafft und in allem um dich herum, das in Harmonie mit sich selbst ist. So drückt sich Einheit mit allem aus, was jener Zustand der Glückseligkeit, Nirwana, Einheit oder Sein ist.

In den alten Überlieferungen steht, daß vor Beginn der Schöpfung Chaos herrschte, aus dem sich der Kosmos entwickelte. So hielt die Natur in ihrer kreativen Funktion das Gleichgewicht aufrecht, denn vor der Manifestation des kreativen Willens gab es Raum wie den Kosmos, Ruhe oder *Pralaya*-Friede, und aus diesem Kosmos kam ein Punkt, der abgebildete kreative Willen des Absoluten,

Raum, der in Äonen des Raum-Zeit Kontinuums die abgebildete Reflexion seiner selbstgewollten Schöpfung manifestierte, *Licht,* grenzenloses unendliches Licht, das in der Dunkelheit scheint, ohne daß die Dunkelheit es einschließt. Aus grenzenlosem, unendlichem Raum wurde Licht als ein Punkt manifestiert, das den Fluß des Raums durchdrang, mit einer Brillanz und Größe bis dahin unbekannter Sonnen der Schöpfung, das im Laufe der Zeit seine unfaßbare Kraft und Helligkeit über die wiedererwachten Grenzen unseres Homo sapiens hinaus erstreckte – als noch unerschaffene Saat kosmischer Kreativität.

Aus diesem Lichtpunkt wurde Eins geschaffen, absolutes Sein aller Schöpfung, allgemein als der Universalmensch bezeichnet, der wegen seiner selbst-erschaffenen Natur Schöpfung aus sich selbst projizierte – gewollt – und abbildete, gefolgt von einer Reihe ähnlicher Abläufe bis hinab zu neun. Jeder Punkt erschafft sich selbst im Raum aufgrund seiner selbst-erschaffenen Natur.

Alle diese Punkte bilden ein Ganzes gemäß ihrer Individualität, und das Produkt ihrer Natur und Art wurde dann auf den letzten Punkt in dieser Kette der Kreativität übertragen – auf den zehnten Punkt. Er symbolisiert die höchste archetypische Welt von Atziluth in der kabbalistischen Philosophie. Aus dem Chaos der Dunkelheit kam also das kosmische Licht; das ist der Wille, die projizierte und gelenkte Erschaffung von *EINS,* das ist, war und immer sein wird.

Das war das Erwachen des Friedens, manifestiert als Licht, das in dieser Philosophie von einer Krone dargestellt wird, *Kether* genannt, der erste Punkt manifestierter Schöpfung auf dem *Otz Chim* oder Lebensbaum. *Kether* entspricht dem philosophischen Begriff der Liebe, allgemein oder in religiösem Ideal ausgedrückt, Sinnbild für den mächtigsten evolutionären Ansporn der Natur, in der universellen Funktion ihres kreativen Willens.

Das oberste Gebot in allen religiösen und philosophischen Anschauungen ist, Gott zu lieben, deinen Nächsten Gutes zu tun und so weiter. Aber der philosophische Lehrsatz der Kabbala sagt, daß Liebe, Liebe zu sein und zu lieben, der Kern absoluter Perfektion und Harmonie ist. Sie wird von Natur aus von der Quelle des Absoluten erzeugt und ist nicht nur ein abstrakter Lehrsatz, der mit Liebe umschrieben wird, sondern ist in sich selbst der Wille, alle diese drei abstrakten Zustände zu sein, in sich, von sich und durch sich selbst.

Der Ursprung dieser drei Aspekte in einem abstrakten Stadium gewollter Schöpfung ist der Raum, unendlich, ewig unerschaffen. Jener unvergleichliche und undifferenzierte Raum deckt sich mit dem oben erwähnten philosophischen Konzept – den *Lehrsätzen abstrakter philosophischer Ideenbildung,* von den Nebeln zum Atom, von den Sternen zur Materie, zur Liebe – und ist vom Willen der kreativen Aktivität durchdrungen. Er sorgt für das Gleichgewicht in der Qualität der Schöpfung, zwischen positiv und negativ, was auf der Ebene der Materie durch die feineren Kräfte der Natur ausgedrückt ist. Wie oben, so unten.

Wie schon dargelegt, ist die Philosophie der Kabbala eine alte Traditon, die seit undenklichen Zeiten lebendig war und bis zu einem gewissen Grad abgewandelt, verändert und dem sich weiterentwickelnden Bewußtsein der Menschheit angepaßt wurde. Auch im heutigen Zeitalter, seit circa 1200 n. Chr., wurden die Konzepte ihres philosophischen Wissens und ihre praktische Anwendung durch akademische und wissenschaftliche Diskussionen ausgearbeitet und entwickelt und von Schülern der alten zeitgenössischen Traditionen untersucht. Auf diese Weise wurden sehr vielseitige, höchst umstrittene Ideen und Anschauungen eingebracht, die neue Dimensionen wissenschaftlichen Wissens und religionsphilosophischer Lehren erforschten.

Das Aufkommen neuer Entdeckungen auf dem Gebiet der menschlichen Entwicklung und der geistigen Bestrebungen erweiterte den immanenten Wert der Lehre im

Vergleich zur überalterten Tradition, was durch die Kenntnis ihrer Grundsätze und Prinzipien anschaulicher wird (siehe Madame H. P. Blavatskys *Die Geheimlehre* und *Die entschleierte Isis*).

Es sollte deutlich gemacht werden, daß die Auffassungen dieser Philosophie sich auch in vielen anderen alten Traditionen finden. In der Vergangenheit, als die schriftliche Kommunikation noch nicht allgemein gebräuchlich war, war die einzige Möglichkeit, Weisheit verbunden mit Verstehen, was zu Wissen führt, von Generation zu Generation vom Mund zum Ohr weiterzugeben, damit sie für die Zukunft erhalten blieb; genauso wie es ja auch heute noch gemacht wird. Vor einigen hundert Jahren, als die britischen Kreuzritter auf die arabische Halbinsel zogen, um unter den ungläubigen Sarazenen das »Licht« zu verbreiten, waren sie sehr überrascht, unter all den anderen Entdeckungen auch ein System philosophischen Wissens und der Theurgie zu finden, dessen Ursprung ihnen unbekannt war und in dessen Studium und Praxis einige von ihnen eingeweiht wurden. Nach ihrer Rückkehr führten sie diese Praktiken ein und initiierten ihrerseits eine Auswahl gleichgesinnter Zeitgenossen. Auf diese Weise gelangte das uralte Licht der kabbalistischen Tradition in vollem Glanz vom Osten in den Westen.

In den darauffolgenden Jahren wurde die Lehre von Schülern der jüdischen Religion ausgebaut und den Philosophen dieser Religion vorgelegt. Nach Jahren der Beratung und unter Berufung auf Entdeckungen über die ursprüngliche Lehre, die in einer Höhle gemacht worden waren, gliederten sie diese Lehre in ihr eigenes System der Religionsphilosophie als moderne Kabbala ein. Uns wird sie nun in dieser Form zum Studium und zur Ausübung vorgelegt. Diese historischen Darlegungen dienen dazu, die irrigen Behauptungen über den Ursprung der Kabbala in bezug auf ihre moderne Praxis und Lehre ins rechte Licht zu rücken.

Es stimmt nicht, daß die Kabbala rein jüdisch ist, da ähnliche philosophische Ansätze und religiöse Praktiken auch in anderen Disziplinen zu finden sind, wie ich schon oben erwähnt habe. Kurz gesagt, sie kann nicht ausschließlich einer einzigen Rasse, Nation oder Glaubensströmung zugeschrieben werden, da sie seit dem Anbeginn der Zeit historisch belegt ist.

Die Grundprinzipien sind heute dieselben wie in der Vergangenheit. Die Kabbala hält sich im Bewußtsein der sich entwickelnden Menschheit auf der Suche nach dem Wissen vom Sinn des Seins, denn der Schlüssel zur Tür dieser Frage kreist um das Prinzip der Einheit: »Aus Einem kommen viele, und in den vielen liegt das Eine«.

Dieses Prinzip ist die Grundlage entsprechender Ideen in Philosophie, Kunst, Mathematik, Medizin und anderen Wissenschaften. Es steht in völligem Zusammenhang mit sozialen und religiösen Verfahrensweisen und, auf einer subtileren Ebene kreativer Aktivität, mit Farben, Klängen, Symbolen. Aufgrund seiner zahlreichen Entsprechungen und Gebrauchsformen ist es als Diagramm oder Glyphe des Universums bekannt.

Im Laufe der Zeit kam es zu Veränderungen in der Erweiterung und Verbreitung von Wissen. Das hing mit einem umfangreichen internationalen Austausch politischer Ideologien zusammen und mit dem Bedürfnis nach gemeinsamen Aktivitäten auf wirtschaftlichem und sozialem Gebiet, beim Austausch erzieherischer, philosophischer und wissenschaftlicher Erkenntnisse. Vieles der ursprünglichen Wissenschaft wurde verkauft und vergewaltigt, und es blieb nur mehr ein Überrest ihres echten ursprünglichen Glanzes.

Trotz allem wird die echte Tradition im Verlauf der Menschheitsgeschichte aufgedeckt werden und auf ihrem gewählten Weg fortschreiten, um den Zweck ihres *Seins* als bewußter Mitarbeiter innerhalb des Schöpfungsplans zu erfüllen.

Viertes Kapitel

Spirituelle Psychotherapie –
Philosophie und Praxis

Spirituelle Psychotherapie ist ein anderer Ausdruck für das, was man gemeinhin als »Heilen« bezeichnet. Das Heilen ist eine Fertigkeit, die vom Menschen seit Jahrtausenden praktiziert wird, um die Energie seiner Umgebung ins Gleichgewicht zu bringen und dadurch die Harmonie auf allen Ebenen des Lebens und zwischen allen belebten und unbelebten Wesen zu erhalten. Der Mensch mit seinem logischen Denkvermögen und seiner kritischen Urteilsfähigkeit hat die persönliche Verantwortung, sich selbst und anderen gegenüber, Harmonie und Ganzheit (Heilung) in sich und um sich herum zu schaffen und zu erhalten.

Die dazu benutzte Kraft folgt genauso den Naturgesetzen wie beispielsweise die Elektrizität. Durch die Anwendung bestimmter Kenntnisse und Techniken können wir lernen, wie man einen gleichmäßigen Energieaustausch zwischen allen sich entwickelnden Arten und innerhalb der einzelnen Arten zustande bringt, deren Lebensformen miteinander in Verbindung stehen und so zu deren Weiterentwicklung beiträgt. Das ist heute mehr denn je notwendig, denn die rapide Veränderung, die die Menschheit in diesem Jahrhundert erlebt, führt zu Anpassungsproblemen, und ein immer schneller werdender Lebensrhythmus verursacht Streß, Anspannung und eine gefährliche Mißachtung unserer Beziehung zur Natur. All diese Faktoren können eine stetige Zunahme von Krankheiten und Leiden zur Folge haben, was häufig auch tatsächlich der Fall ist, denn das Mißachten der Naturgesetze bringt früher oder später unweigerlich »Un-behagen« mit sich.

Wenn wir uns die Frage stellen, wie man Heilung herbeiführen kann, müssen wir uns fragen, wie wir eine Ganzheit herstellen können, die schon existiert, mit der wir aber nicht immer bewußt in Verbindung stehen. Das Heilen erlernen heißt zu lernen, wie wir diese Ganzheit annehmen und mit ihr in Einklang treten können. Gelingt uns das, werden wir zu einem offenen Heilungskanal, denn der Heiler ist tatsächlich nichts anderes als ein Kanal. Die Heilung ist schon vorhanden, findet schon statt, und wir sind alle potentielle Heiler. Wir führen die Heilung nicht durch; sie erfolgt auf einer viel subtileren Ebene, die keiner von uns mehr begreifen kann. Ihre Möglichkeiten sind unbegrenzt und unendlich innerhalb der Gesetze, die unsere Existenz und die gesamte Schöpfung regieren. In der Heilung werden die Grenzen allein vom Empfänger und vom Spender gesetzt.

Es liegt in unserer Verantwortung, alles zu tun, um durch unsere Harmonie mit der kosmischen Ganzheit sicherzustellen, daß wir wirkungsvolle Kanäle sind, um selbst glücklich und gesund zu bleiben und um anderen so oft wie möglich zu helfen. Für die Durchführung einer Heilung ist der Glaube an die Heilungskraft nicht unbedingt notwendig, auch wenn er uns in besseren Einklang mit den kosmischen Energien bringen kann und uns zugänglicher für sie macht. Es liegen inzwischen genügend statistische Untersuchungen vor, die beweisen, daß Heilung unabhängig vom Glauben und von der religiösen Überzeugung der Teilnehmer ist. Der Wunsch zu helfen ist der entscheidende Schritt zu wahrer Heilung und ist manchmal allein schon ausreichend.

Kommt es nicht zur Heilung, dann hat auch das zur gegebenen Zeit seine Berechtigung entsprechend der Gesetze des Kosmos und des Karmas. Aber das ist nicht unser Anliegen. Wir müssen lernen, das zu akzeptieren. Wenn wir beginnen, unsere Heilkraft zu bewerten und in Frage zu stellen, bringen wir unser Ego hinzu und lenken damit unsere Energien auf eine viel weltlichere Seinsebene,

wodurch diese entsprechend geschwächt und die Heilungsenergien blockiert werden.

In ähnlicher Weise dürfen wir uns nicht von Konzepten
der Methodik verwirren oder verunsichern lassen. Unter-
läuft einem ein Fehler bei der Anwendung einer Heilungsmethode, werden sich die Heilungsenergien ganz von selbst
auf natürliche Weise wieder ausgleichen, denn ausschlagge-
bend sind der Beweggrund und der Wunsch zu helfen. Der
»Wille zur Harmonie« ist der wichtigste Faktor, um ein
erfolgreicher Heilungskanal zu sein. Ganz einfach dadurch,
daß du etwas über die Heilung lernen möchtest, wie du es
in diesem Augenblick beispielsweise gerade machst, durch
deine Suche nach Wegen zu helfen und zu heilen, aktivierst
du die Heilungsenergien in dir. Kurz gesagt, durch das
Lernen gehst du auch schon zur Tat über, du heilst jetzt, in
diesem Moment. Beginnst du dann die erworbenen Techniken anzuwenden, wirst du durch ihre Anwendung weiter
dazulernen, denn wir lernen unser ganzes Leben hindurch.

Das Kapitel über die spirituelle Psychotherapie umreißt
die metaphysischen Bereiche des menschlichen Seins und
ihre Beziehung zueinander, diskutiert philosophische Fragen des Konzepts der Selbsterkenntnis und das Verhältnis
des einzelnen zur Harmonie und Ganzheit im Universum
oder Makrokosmos, zusammen mit auftretenden Begleit-
erscheinungen. Außerdem werden die Heilungsenergien
und ihre Quellen definiert und erläutert. Es wird über die
Fernheilung gesprochen, bei der der Heiler nicht direkt
beim Patienten ist, und über die Visualisierung. Das Kapitel
umfaßt auch eine Einführung in die Farben- und Klanghei-
lung und in das kabbalistische Heilungssystem und enthält
Anregungen zur Benutzung der Aura beim Heilungsvorgang. Allgemein gesagt war die Anwendung uralter Weis-
heiten und Lehren der wichtigste Gesichtspunkt bei der
Verfassung dieses Kapitels.

Die angeführten Techniken und Anleitungen werden für

all jene von Nutzen sein, die nach Wegen suchen zu helfen, und um die Arbeit erfahrener Therapeuten, was immer ihr Wirkungsbereich ist, zu verbessern und zu ergänzen.

Die verschiedenen Existenzbereiche des Menschen
oder
Die unterschiedlichen Energiefelder seines Daseins

Der Mensch setzt sich aus mehreren verschiedenen, sich gegenseitig durchdringenden Bereichen oder Energiefeldern zusammen, in denen er arbeitet. Diese Felder stehen in gegenseitiger Beziehung zueinander; sie sind mit dem Universum und der Umwelt des Menschen verbunden, und jedes besitzt seine eigenen Gesetze und Merkmale. Angesichts meiner Erfahrung als praktizierender Metaphysiker und Heiler habe ich eine bestimmte Einteilung dieser Energiefelder oder Körper (auch Ebenen genannt) zusammen mit den Arbeitsdefinitionen übernommen und werde diese im folgenden erläutern.

Grundsätzlich wirkt der Mensch in erster Linie innerhalb dreier verschiedener, zusammenhängender, natürlicher Bereiche, und jeder wird von eigenen Gesetzen und Merkmalen regiert. Man kann diese Bereiche in den physischen, den mentalen und den spirituellen Bereich einteilen, und alle stehen in enger Verbindung zueinander.

Jeder von uns trägt einen Aspekt dieser Bereiche in seinem Wesen. Der Kopf ist der Mittelpunkt, die treibende Kraft. Alles läuft zum Kopf hin und wird von dort in Signalen durch das Nervensystem ausgeschickt. Aber diese Signale wurden bereits in einem anderen Teil unseres Wesens ausgelöst und reflektiert, der als Ätherleib bezeichnet wird und ein sehr wichtiges Bewußtseinsfeld für den Heiler darstellt, denn alles ist durch das sogenannte ätherische Netz miteinander verbunden; berührst du etwas, geht von dir eine *Emanation* ab und verbindet sich mit dem ätherischen Feld dessen, was du berührst. Es ist wichtig, das ätherische Feld zu verstehen und es sich bewußt zu machen. Hast du einmal etwas Kenntnis und Bewußtheit davon in dir selbst, wird es faszinierend und sehr nützlich für dich sein, und es gibt einige praktische Methoden, die Eigenschaften des Ätherkörpers zu fühlen und zu gebrauchen.

Jeder Naturbereich hat sein Grundgesetz, das sein besonderes Wesen klassifiziert. Der Mentalbereich der Gedanken zum Beispiel, der natürlich kein Ort, sondern ein Stadium des Wissens oder eine Art der Erfahrung ist, hat sein Grundgesetz, das seine spezielle Manifestation der Existenz festlegt. Er wird von Gesetzen regiert, die in der Hinsicht zum größten Teil unbegreifbar und undefinierbar sind, daß sie sich nicht willkürlich für jedes gewünschte Ereignis anwenden lassen. Nur durch die Kenntnis der Naturgesetze, die uns bestimmen, und durch unsere entsprechende Anpassung sind wir imstande, diese Erkenntnis für ein harmonisches Wirken innerhalb des Mentalbereichs zu nutzen, die Kontrolle über unseren physischen Körper zu erlangen und durch ein angestrengtes Studium, Fleiß und Disziplin die Wirkung unserer Handlungen zu beeinflussen. Manche Leute sind fähig, auf diese Art die erwünschten Resultate zu erreichen, aber sie sind dann verpflichtet, ihre Beweggründe sorgfältig abzuwägen, denn ihre Gedanken, Worte und Taten wirken sich auch auf andere aus, ganz nach dem Gesetz des Karmas. Mit den rechten Beweggründen werden wir auch das erlangen, was wir uns verdienen. Wir unterliegen diesen Gesetzen, die unser Leben stark beeinflussen.

Der spirituelle Bereich hat seine eigenen Gesetze und ist die motivierende Ursache aller sichtbaren Manifestationen. Materie ist festgelegte oder begrenzte spirituelle Energie, und Geist ist undefinierte oder unbegrenzte spirituelle

Energie. Auch die materielle Welt, die über unseren physischen Körper bestimmt, hat ihre eigenen Grundgesetze der Materie und ist in ihren Handlungsmöglichkeiten aufgrund dieser Gesetze eingeschränkt. Dazu gehören die Gesetze von Raum und Zeit und die Gesetze der Naturwissenschaften. Auf diesen Gebieten gelangen wir ständig zu neuen Erkenntnissen und neuen Erwägungen.

Alle Menschen setzen sich aus demselben Material zusammen, haben aber Schwingungen in verschiedenen Frequenzen. Es gibt einen universellen, einheitlichen Stoff, den man Äther (die feinstoffliche Substanz, die den Raum ausfüllt) nennt, der allen Daseinsebenen gemeinsam ist, in verschiedener Form und Schwingungsrate. Wird Materie auf ihre niederste Form oder ihr kleinstes Teilchen reduziert, bleibt nur mehr Äther zurück. Der Mensch ist ein bewußtes Wesen und unterscheidet sich von unbelebten Objekten, wie einem Möbelstück oder einem ziellos treibenden Atombündel, durch sein Denkvermögen, das beim Menschen, zumindest den bisherigen Erkenntnissen zufolge, komplexer zu sein scheint als bei anderen Lebewesen. Der Geist verbindet die verschiedenen Seinsebenen des Menschen und läuft durch alle hindurch. Wir befassen uns hier mit der Heilung der gesamten Person auf der physischen, mentalen und spirituellen oder seelischen Ebene. Diese drei verschiedenen Bereiche haben jeweils eigene Gesetze und wirken alle zusammen.

Zu Beginn des Studiums der spirituellen Psychotherapie oder der Heilung ist es notwendig, bestimmte Begriffe der Metaphysik zu klären, die für die Einteilung der verschiedenen Funktionsebenen des Menschen verwendet werden. Ein erster Schritt zur Vorbereitung für die Heilerschaft ist, sich mit der Terminologie vertraut zu machen. Es folgt die Einteilung dieser Ebenen oder Körper:

1. Physischer Körper (mit einer kurzen Erläuterung der Aura)

2. Ätherkörper
3. Astralkörper (umfaßt den Instinkt)
4. Intellekt (oder niederer Mentalkörper) und
5. Intuition (bilden zusammen den Mentalkörper oder Geist)
6. Spiritueller Körper
7. Kausalkörper

Die ersten vier sind Manifestationen in der materiellen Welt, die letzten drei sind spirituelle Ebenen. In den östlichen Traditionen sind die ersten vier Unterteilungen der niederen oder grobstofflichen Seinsebenen, während die letzten drei, der intuitive, spirituelle und kausale Körper, den drei höheren Ebenen unseres Seins entsprechen, nämlich: *Manas,* die unterste Ebene dieser drei; *Buddhi,* eine Zwischenebene; *Atma,* die allerhöchste Ebene.

Betrachten wir nun jede Ebene im einzelnen:

Der physische Körper

Der physische Körper setzt sich aus den vier Elementen Feuer, Wasser, Luft und Erde zusammen. Die gegenseitige Einwirkung dieser Elemente bringt unbelebte Formen hervor, die durch das Eingeben von Äther zu lebenden Körpern werden. Diese wechselseitige Wirkung wird von einer äußerst subtilen, kosmischen, sogenannten spirituellen Energie ausgelöst und ist der allmächtige, allwissende und allgegenwärtige bewußte, intelligente Ausdruck des Absoluten, der unter vielen Namen bekannt ist, auf verschiedene Weise verehrt wird, den einige Gott nennen und dessen Eigenschaften als Schöpfer, Planer und Zerstörer in der ganzen Schöpfung und besonders in der menschlichen Rasse erfahren werden. Zur Aufrechterhaltung dieser Beziehung, oder wie man so schön sagt, um Körper und Seele zusammenzuhalten, braucht man gewisse Kommunikationsmittel. Wird ein Mensch in die physische Welt hineingeboren, stellt die Aufnahme von körperlicher Nahrung ein wichtiges Zwischenglied dar. Diesen Punkt werden wir noch im Abschnitt über Energie näher behandeln, denn es ist wichtig, den physischen Körper durch richtiges Essen und wirksame Aufnahme- und Ausscheidungsübungen in guter Form zu halten. Sehr wichtig ist auch eine volle Atmung und die richtige Haltung des Rückgrats, da unwahrscheinlich viele »Un-Behaglichkeiten« und Krankheiten auf eine falsche Körperhaltung zurückzuführen sind. Das Rückgrat mit seinen Wirbeln ist sowohl für die Gesundheit als auch den Energiefluß von extremer Wichtigkeit. Aufgrund der Wechselwirkung des Körpers und der anderen Seinsebenen werden bei Problemen auf der physischen Ebene auch die übrigen Ebenen in Mitleidenschaft gezogen. Wir sind dafür verantwortlich, unseren Körper, der als Tempel der Seele bezeichnet wurde, gut in Form zu halten.

Unterteilen wir den physischen Körper in drei Teile (und diese Unterteilung ist ein wichtiger Grundsatz im kabbalistischen Heilungssystem, das wir später betrachten werden), so kommt als erstes der Kopf. Es folgen der Rumpf und anschließend die vier Gliedmaßen – die zwei Arme und die zwei Beine. Wir können den Körper also als Dreiheit sehen. Der Kopf speichert alles Wissen in Form von Energie auf der physischen Ebene. Gehirn und Rückenmark registrieren alle von der äußeren Welt kommenden Energien, denn der physische Körper dient zur Sammlung der Energie innerhalb der physischen Welt. Was wir Geist nennen, löst unseren Seinsprozeß aus und stimuliert und lenkt die Funktionen des neuromuskulären Systems. Der Rumpf trägt alle Informationen mittels seiner fünf Sinne und den neun Öffnungen nach außen in die verschiedenen Körperteile. Im Rumpf ist auch die in uns gespeicherte Energie am aktivsten, weil damit das Verdauungssystem, der Blutkreislauf, das Atmungs- und das zentrale Nervensystem betrieben werden. Der Rumpf ist jener Bereich, in dem die Lebensfunktionen des menschlichen Organismus ablaufen, die ja für die Aufrechterhaltung des körperlichen Lebenssystems entscheidend sind.

Die treibende Kraft, von der alles ausgeht, ist der Kopf. Ohne Kopf haben wir einen Körper, der nicht funktionsfähig ist. Der Kopf ist die Stelle, an der die kosmische Energie hineinfließt, und er ist der Energiespeicher. Im Rumpf wird diese Energie dann aktiv; und von den Fortpflanzungsorganen abwärts bewegen wir uns mit dem Willen. Diesen Bereich benutzen wir, wenn wir uns zu einem bestimmten Punkt hin bewegen wollen. Die Bewegung an und für sich läuft natürlich automatisch ab, und wir müssen nicht denken, um uns fortzubewegen: wir wollen es, und wir bewegen uns; oder umgekehrt, wir bewegen uns nicht, wenn wir nicht wollen. Durch die Fußsohlen nehmen wir magnetische Energie aus der Erde auf, und mit den Händen strahlen wir die Erfüllung der gesamten Funktion des Körpers als Heilungsenergie aus. Die Hände sind in der Heilung sehr wichtig. Heilungsenergie kann auch mit den Augen ausgestrahlt werden, aber diese Fähigkeit entwickelt sich erst, wenn der Heiler sein inneres Sein soweit gewandelt hat, daß er die einfließende magnetische Strahlung mit der von oben herabströmenden kosmischen Energie ins Gleichgewicht bringen kann, und zwar durch Übung der Harmonie, Visualisierung und Meditation.

Die Aura

Es wurde festgestellt, daß das physische Gehirn alle uns umgebenden, einfallenden Energien sammelt und sie in Form von elektrischen Impulsen an den Ätherkörper weiterleitet, der auf sie anspricht und ihre Wirkung regelt. Dieses Zusammenwirken des Ätherkörpers mit den einströmenden Energien formt das als Aura bezeichnete

Magnetfeld, das den physischen Körper umgibt. Spricht man also von der Aura, dann handelt es sich um die Auswirkung kosmischer Energien auf physische Strukturen und ihre gleichzeitige Wechselwirkung mit anderen Objekten der Umgebung oder sonstwo im Raum-Zeit-Kontinuum. Dieser Vorgang manifestiert sich als elektromagnetische Energie, die bestimmte Vibrationen abgibt, sogenannte aurische Emanationen. Hellseher können die Ausstrahlung der Aura, die in der Atmosphäre als Farben sichtbar werden, (objektiv) »sehen« und (subjektiv) fühlen. Sie sind dadurch imstande, den Gesundheitszustand des physischen Körpers und andere psycho-spirituelle Aspekte einer Person festzustellen; diese Fähigkeit kann man entwickeln.

Unsere Aura wechselt oder schwankt ständig, auch wenn gewisse Dinge unverändert bleiben. Gedanken haben einen bedeutenden Einfluß auf den Zustand der Aura. Unsere Gedanken »füttern« unsere Aura, gut oder schlecht. Alles hat eine Aura – jedes lebendige Ding, denn ist etwas tot, so bedeutet das, daß seine Funktion in der Sphäre, in der es manifestiert war, tot ist und der natürliche Rapport zwischen ihm und anderen Formen fehlt. Solche Voraussetzungen lassen die Aura erlöschen. Ich werde später noch einmal auf die Aura zurückkommen.

Der Ätherkörper

Der physische Körper wird noch von einer anderen Energie umgeben, die die Körperform umkleidet und die einströmende kosmische Energie kontrolliert. Dieses umliegende Kraftfeld besteht aus einer feinen Energie, die jedoch weniger fein ist als der Astralkörper, auf den wir weiter unten eingehen werden; es verläßt den physischen Körper nie. Dieser ätherische (vitale) Körper, auch Lebenskraft genannt, setzt sich aus Äther zusammen. Das ist die Form oder die feinstoffliche Energie, aus der das Urbild des phy-

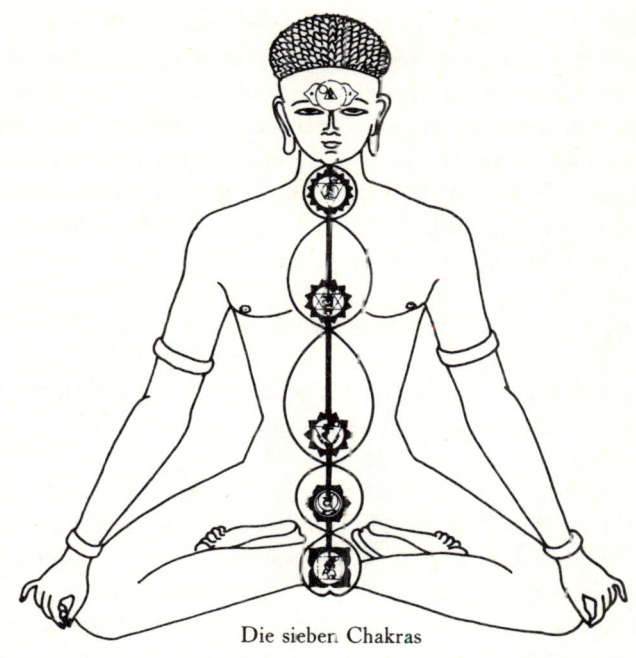

Die sieben Chakras

sischen Körpers gebildet ist. Es handelt sich um ein identisches Gegenstück des physischen Körpers, mit den gleichen Organen wie beispielsweise dem ätherischen Gehirn, dem ätherischen Herz, dem ätherischen Bauchraum und dem dazugehörigen Verdauungssystem, der Milz und so weiter. Eine der Aufgaben des Ätherkörpers ist die Regulierung der aus der außerkosmischen Quelle einströmenden Energie, und sobald diese Energie durch das ätherische Gehirn gefiltert ist, wird sie automatisch vom physischen Gehirn aufgenommen.

Der Ätherkörper bleibt nach dem Tod des physischen Körpers drei Tage lang lebendig.

Der Ätherkörper enthält sieben Hauptenergiewirbel oder Kraftzentren, die in esoterischen Systemen Chakras genannt werden und den Organen des physischen endokrinen Drüsensystems entsprechen. Die Chakras kanalisieren und kontrollieren einfließende kosmische Energie und übertragen sie auf die entsprechenden Organe. Sie wird dann durch die Körperzellen gefiltert. Jedes Chakra steht in enger Beziehung zu einem Organ, und ihre Funktionen sind voneinander abhängig, kein Zentrum hat eine definierbare isolierte Funktion. Es folgt eine Aufzählung der endokrinen Drüsen, die Erläuterung ihrer Lage im physischen Körper und der dazugehörigen Chakras:

Endokrine Drüsen	Lage im Körper	Chakra
Zirbeldrüse	oberer Kopf	Sahasrara
Hirnanhangdrüse	zwischen den Brauen	Ajna
Schilddrüse	Rachen	Vishudda
Thymusdrüse	Herz	Anahata
Milz (und Bauchspeicheldrüse)	Solarplexus	Manipura
Nebennieren	Unterleib	Svadhisthana
Keimdrüsen	unteres Rückgrat	Muladhara

Der Astralkörper

Wenn wir unsere Emotionen gebrauchen, benutzen wir dazu den Astral- oder Begierdenkörper. Der Astralkörper ist der Leib der Emotionen oder Begierden, mit dem wir das interpretieren und auf das reagieren, was wir durch die gegenseitige Einwirkung der fünf Sinne erhalten. Emotional berührt sind wir erst, wenn einer unserer Sinne aktiviert ist, aber wir haben keine Emotionen, wenn wir nicht vorher denken und auf das reagieren, was wir sehen, hören, fühlen, schmecken oder riechen. Dann werden wir davon im Astralkörper angezogen oder abgestoßen, das heißt auf der astralen Ebene. Da der Astralkörper durch die Sinnesorgane arbeitet, können wir manchmal starke emotionale

Umstände an Orten spüren, wo Menschen bestimmte Erfahrungen gemacht haben, beispielsweise in Spukhäusern. In solchen Fällen ist die Emotion die Hauptenergie für diesen Zustand, denn alle Dinge haben ein Energiefeld, und Energie, in diesem Falle Emotion, nimmt zu und heftet sich an ein Energiefeld, das in der Nähe ist. Die Wirkung kann so stark sein, daß eine Begebenheit davon beeinflußt wird und Menschen, die damit in Berührung kommen, können diese Energie fühlen oder sehen, je nach ihrer Geistesverfassung.

Wenn wir uns angezogen oder abgestoßen fühlen, geschieht dies mit dem Astralkörper, und für diese Reaktion benutzen wir den *Instinkt.* Der Instinkt ist eine Fähigkeit der physischen Ebene, die wir mit allen Lebewesen teilen. Bei den Menschen ist er eng mit dem Geist verbunden, damit sind der Intellekt und die Intuition gemeint. Höchste geistige Aktivität ergibt sich aus der harmonischen Koordination dieser drei Fähigkeiten, besonders bei jenen, die in spiritueller Harmonie sind, und spirituelle Harmonie kann wesentlich zu einer erfolgreichen Ausrichtung aller anderen Ebenen beitragen. Im Gegensatz zum Ätherkörper, der bis zum Tod niemals den physischen Körper verläßt, kann der Astralkörper (während des Schlafs oder, nach eingehendem Training, zu anderen Zeitpunkten) sich selbst fortprojizieren und große Entfernungen zurücklegen und kann so interessante Erfahrungen »außerhalb des Körpers« machen.

Der Mentalkörper

Der Mentalkörper besteht aus zwei Teilen – dem Intellekt und der Intuition. Ein Teil der Funktionen des Geistes hängt mit unserer physischen Ebene zusammen, das heißt, wir deuten damit Körpersignale oder Symptome und entscheiden über eventuelle notwendige Änderungen. Der

Intellekt ist das Medium zwischen unseren Erfahrungen in der äußeren Welt und der Art unserer Interpretation, der Organisation und des Ausdrucks in Anbetracht unserer jeweiligen Erfahrung. Der Intellekt führt die praktische Äußerung der intuitiven Ideen in der materiellen Welt durch, wann immer uns derartige Ideen durch Intuition zukommen, denn die Intuition weist eine engere Beziehung zum höheren Selbst auf als der Intellekt. Der Geist ist das Bindeglied zwischen unserem höheren und unserem niederen Selbst, dem physischen Körper. Er aktiviert das Gehirn.

Die Intuition

Je mehr wir auf der spirituellen Ebene in einem Zustand der Harmonie sind, desto öfter haben wir Intuitionen und Einsichten – plötzliche Ideen, die vollkommen außerhalb unseres normalen, alltäglichen Bewußtseins liegen, und diese können uns zu jeder Zeit in den Sinn kommen. Da beschäftigen wir uns beispielsweise mit irgendeiner Alltagsaufgabe oder wir ärgern uns mit einem aufgetauchten Problem herum, wenn wir plötzlich in einem Geistesblitz die Lösung finden. Das ist Intuition, und diese Gedanken sind nicht unsere eigenen; wir sind in dem Augenblick ganz einfach in Einklang mit der ganz bestimmten Lösung des Problems, und in diesem besonderen Zustand ist unser gesamter Körper fähig, diese sofort zu erfassen. Damit ist das Problem gelöst, und die Lösung muß nur noch angewandt werden. Genie und Inspiration laufen auch auf diese Weise ab. Steigen in uns »Ahnungen« über Dinge auf, dann ist unsere Intuition am Werk.

Wir können unsere Intuition entwickeln, indem wir jeden Tag fünf oder zehn Minuten lang unseren Geist zur Ruhe bringen. Gestehe dem Geist Freiheit zu. Sitze für eine Weile so ruhig, wie du kannst, und laß das Unterbewußtsein an die Oberfläche treten. Du wirst merken, daß dir einige merkwürdige Ideen und Gedanken kommen. Du hättest nie gedacht, daß du diese Dinge denken würdest, aber gerade auf diese Dinge solltest du besonders achten. Schreibe sie auf und lege sie für eine Weile zur Seite. Machst du dies ungefähr eine Woche lang regelmäßig jeden Tag und versuchst dann, alle diese Gedanken zu verbinden, wirst du überrascht sein, was dabei herauskommt. Die Intuition der meisten Leute ist noch nicht voll entwickelt.

Der spirituelle Körper

Alle Dinge der Schöpfung haben in ihrer Natur eine spirituelle Seite. Wir sind alle spirituelle Wesen, die sich in einem physischen Körper manifestieren und sind imstande, entsprechend unserer Fähigkeit aufzunehmen und zu geben, die spirituellen Talente in uns zu gebrauchen. Je mehr wir in Harmonie sind, desto besser arbeiten unsere spirituelle Natur, der Geist und der Körper als ein Ganzes zusammen, und desto näher kommen wir der Einheit und Ganzheit. Es ist nicht so, daß jemand überhaupt nicht spirituell oder spiritueller wäre als ein anderer. Einige Menschen sind sich selbst nur nicht so bewußt wie andere, trotzdem ist in ihnen Spiritualität im Überfluß vorhanden. Meditation und Harmonisierung helfen uns, unser eigenes Selbst und das, was um uns herum geschieht, mehr bewußt zu machen. Wir werden uns noch später genauer damit befassen.

Der Kausalkörper

In der Theosophie umfaßt der Kausalkörper die Summe all dessen, was wir sind, was wir waren und was wir sein werden. Dieser Körper ist der Plan unseres gesamten Lebens. Jeder einzelne unserer Gedanken ist in der Akasha-

Chronik aufgezeichnet, und hast du die entsprechende Fähigkeit voll entwickelt, kannst du Dinge der Vergangenheit hervorholen und dich bei deiner Weiterentwicklung unterstützen lassen. Du kannst zum Kapitän deines eigenen Schiffs werden, wenn du mit dieser Bewußtseinsebene in Einklang stehst. Der Kausalkörper ist mit der treibenden Kraft verbunden, die uns zu dieser Inkarnation veranlaßt hat und die durch unsere Anstrengung und Harmonie zum Wegweiser in die nächste spirituelle Existenz werden kann. Wir sind alle diesen Weg schon früher gegangen, und jeder hat seinen eigenen Plan, das heißt, daß dies hier nicht die einzige Gelegenheit ist, die wir haben, gleichgültig, ob man diese Tatsache akzeptiert oder nicht. Wir haben einen festgelegten Spielraum, in dessen Rahmen wir uns bewegen können, und wir haben die Möglichkeit, entweder in Harmonie zu sein oder auch nicht. Das ist der Grund, warum uns der freie Wille gegeben wurde. Gelingt es uns, in Einklang mit unserem Kausalkörper zu gelangen, werden wir in einer viel sinnvolleren Weise wirken können.

Die Bezeichnung »feinstofflicher Körper« kann sich in metaphysischen Lehren, unabhängig vom Physischen, auf jeden der verschiedenen Körper oder Ebenen des menschlichen Seins beziehen, was auch häufig der Fall ist. Der Ausdruck »feinstofflicher Körper« beruht auf der feinstofflichen Energie, aus der wir uns zusammensetzen.

Es folgen nun einige praktische Übungen. Es muß betont werden, daß ein entspannter Körper- und Geisteszustand für die Ausbalancierung der Energiefelder, besonders in einer Gruppe, außerordentlich wichtig ist. Die erste Übung dient deshalb der Entspannung.

Bitte lege dir etwas zum Schreiben bereit und notiere dir kurz deine Gefühle vor und nach den Übungen.

Übung 1

Setze dich mit aufrechtem Rücken und hocherhobenem Kopf hin. Schließe entweder die Augen oder, wenn du sie offen läßt, fixiere einen Punkt gerade vor dir. Versuche, nur auf deine Atmung zu horchen und schiebe alle anderen Geräusche soweit wie möglich in den Hintergrund. Werde eins mit dem Lebensatem in dir, mit dem Atem, der dich ans Leben bindet. Sei in völliger Harmonie mit seinem Rhythmus. Höre still auf die innere Stimme und denke fünf bis zehn Minuten lang die Worte: »*Ich bin*«.

Anschließend schreibe dir jeden Unterschied in deinen Gefühlen auf und gib die Notizen deinem Betreuer.

Übung 2

Das ist eine Heilungstechnik in der Gruppe mit Hilfe der Visualisierung. In Zweiergruppen führt einer der Partner die Heilung durch und der andere empfängt sie. Derjenige, der die Heilung ausführt, sollte vorzugsweise rechts vom Empfänger sein, und die Teilnehmer sollten nach Beendigung der Übung die Plätze tauschen und sie wiederholen.

Visualisiere einen Zylinder aus strahlend weißem Licht, der von Energie schimmert und pulsiert, aus dem überall Licht und Energie leuchten. Von der Spitze des Zylinders fließen breite Lichtstrahlen, die zu jeder anwesenden Person hinströmen und ihr Herzchakra oder Anahata (das den Thymusdrüsen entspricht) erreichen, ein besonders wichtiges Chakra für die Verbindung zum höheren Selbst. Stelle dir vor, daß der Fuß des Zylinders sich bis zum Wurzelchakra oder Muladhara ausdehnt. Visualisiere nun die Person an deiner Seite *im Inneren* des Lichtstrahls und lege die Hände auf ihren Kopf.

Beide Partner visualisieren weiterhin den Zylinder und tauschen nun die Plätze, das heißt, der Empfänger sollte jetzt die Heilung geben, indem er die andere Person im Inneren des Zylinders oder Lichtstrahls visualisiert und die Hände auf den Kopf des Partners legt.

Schreibe dir nach Beendigung der Übung die Veränderungen in deinen Gefühlen auf und gib die Notizen deinem Betreuer.

Die nächste Übung kannst du alleine machen. Sie dient dazu, dein eigenes Ätherfeld und das ätherische Netz deiner Gruppe zu fühlen.

Übung 3

Zwischen den Menschen einer Gruppe baut sich ein starkes Magnetfeld auf. Trennt sich die Gruppe, nehmen die Personen jeweils von den anderen Mitgliedern irgend etwas mit, ob sie sich dessen bewußt sind oder nicht. Mit einiger Übung kann man dieses Phänomen in Farben sehen. Du kannst diese Fähigkeit entwickeln, wenn du dich hinsetzt und den Raum visualisierst, den du mit der Gruppe geteilt hast. Je stärker die Visualisierung, desto stärker ist das mentale Farbenbild, das du erhältst. Setze dich ruhig hin und entspanne dich mit Hilfe der oben erwähnten Entspannungsübung. Visualisiere die Gruppe mit jedem einzelnen Mitglied, wie sie beisammensitzt. Gib acht, ob du zwischen den Gruppenmitgliedern irgendwelche Farben vorbeiziehen siehst. Du wirst dann das ätherische Energienetz der Gruppe, ausgedrückt in Farben, »sehen« oder fühlen.

Notiere dir deine Gefühle während dieser Übung, ebenso wie dein mentales Farbenbild. Es ist sehr gut, wenn du Gefühle dafür entwickelst, wie du Gruppenmitgliedern helfen kannst; das fördert deine Vorbereitung auf dem Weg zur Heilerschaft. Übergib die Notizen bei nächster Gelegenheit deinem Betreuer.

Schreibe alle Fragen oder Kommentare auf, die dir in den Sinn kommen, während du die einzelnen Abschnitte durchgehst, und gib sie deinem Betreuer.

Die magnetische, geistige und spirituelle Heilung

Das Heilen ist der Ausdruck einiger Bestrebungen und Hoffnungen all jener Menschen, die bewußt auf die *Einheit* zustreben. Der Grundaspekt des Heilens hängt mit der Verantwortlichkeit sich selbst gegenüber zusammen, und in der Folge mit der gegenseitigen Verantwortung eines jeden einzelnen. Die verschiedenen Methoden und Mittel, mit denen wir diese Verantwortung in die Tat umsetzen, sind die Heilungstechniken, die unsere Annäherung an die Einheit ausdrücken.

Was ist Heilung?

Heilung ist die Anwendung der Naturgesetze des Universums (und aller Energien), in dem alle Ausdrucksformen des Lebens enthalten sind, deren wir uns als Menschen bewußt sind. Sie steht in Zusammenhang mit dem Austausch von Gedanken, Handlungen und vor allem mit dem Gefühl der Einheit, der Gemeinschaft und des Mitleids unter allen sich entwickelnden Arten in der Natur und zwischen uns selbst und unseren Mitmenschen.

Was wir in der Heilung mit unserer Annäherung an die Einheit und Ganzheit zu erreichen versuchen, ist, den Fluß des Bewußtseins zwischen allen sich entwickelnden Arten und jenen, die diese Entwicklungsstufe noch nicht erreicht haben, aufrechtzuerhalten. Sind wir fähig, diesen Fluß positiv für diesen Zweck zu nutzen, dann können wir uns als Heiler und erleuchtete Wesen, ja sogar als Meister bezeichnen.

Wie können wir nun zu diesem Zustand der Einheit gelangen? Am wichtigsten ist das Wissen um das Selbst. Wir haben alle eine spirituelle, eine geistige und eine physische Natur. Im Rahmen dieser drei Aspekte seines Wesens kann der Mensch den Zweck seines Daseins, den Plan erfüllen, um in bewußter Zusammenarbeit mit der Schöpfungsordnung tätig zu sein. Erwähnen wir das Absolute, sprechen wir nicht von etwas Unbestimmtem oder Auserwähltem, sondern von dem, was ist, war und immer sein wird, von dem wir das perfekteste Abbild in der Natur sind, obwohl wir nicht vollkommen im ganzen Sinne des Wortes wirken. Das Absolute hat viele Namen und wurde auf vielerlei Weise verehrt. Es ist höchste Intelligenz und höchste Kraft, und einige nennen es Gott. Der Zweck unseres Seins ist völlige und bewußte Zusammenarbeit mit unserem höheren Selbst, mit dem wir verbunden sind und dessen Zentrum im Herzen liegt. Auf diese Weise tragen wir bewußt zur Erfüllung des universellen Plans bei.

Wir alle stehen in gegenseitiger Beziehung zueinander. Getrennt sind wir nur in unserer Interpretation dessen, wie wir auf die Gesamtheit des Seins reagieren. Dennoch gibt es in der Natur keine Getrenntheit. Die Natur ist eins mit dem Universum: Auch wir sind Teil der Natur und somit eins mit dem Universum. Von diesem Gesichtspunkt aus betrachtet findet Heilung zu jeder Zeit in uns selbst statt. Haben wir also den Wunsch, anderen zu helfen, zu dienen oder Mitleid zu zeigen und andere zu lieben, drücken wir den bewußten Grad unseres Heilungspotentials aus. Schränke deine Heilungsfähigkeit, die uns allen inhärent ist, nicht ein und denke nicht, daß du dafür eine spezielle Ausbildung brauchst oder irgendeine besondere Kraft in deinen Händen oder daß du ein außergewöhnliches Merkmal aufweisen mußt. Jeder Ablauf in der Natur ist Teil des Prozesses der Manifestation in der Natur und ist eine Form des Heilens. Wir sind alle potentielle Heiler.

Was ist Heilung? Ich habe die Glaubensheilung oder die Geistheilung als solche deshalb nicht erwähnt, da alles, was mit der Natur zusammenhängt, spirituelle Eigenschaften besitzt, von spiritueller Art ist, und es muß ein klein wenig Glaube an unsere Lebensweise da sein – wir müssen irgendwie an das Leben glauben, anderenfalls würden wir nicht einmal aus dem Haus gehen oder das Licht ausschalten, aus Angst vor einem unerwartetem Ereignis oder ähnlichem. Wir würden sehr viele Dinge nicht tun, besäßen wir nicht ein gewisses Maß an Glauben an uns selbst. All das spiegelt einen Aspekt des Heilens wider – sei es spirituelles, geistiges oder magnetisches Heilen, da sie alle Teil des gesamten Seins sind.

Sprechen wir von Ganzheit und Einheit, meinen wir die *Vollkommenheit* in der Heilung.

Heilung ist ein Phänomen des Lebens, das mit der Wechselwirkung der feineren Kräfte der Natur zusammenhängt, die auf und innerhalb des manifesten Universums als harmonischer Energiefluß durch alle Arten der Schöpfung hindurch wirken. Dies veranschaulicht das universelle Gesetz der Harmonie und der Ganzheit (Einheit) überall in der Natur, das jeder individuellen Einheit die Fähigkeit verleiht, in sich selbst diesen Zustand des Gleichgewichts zu erhalten, der Ganzheit bedeutet.

Welche besondere Rolle muß der Mensch innerhalb dieser universellen Ordnung der Dinge spielen? Die persönliche Verantwortung ist ein charakteristisches Merkmal des Menschen, dessen Bedeutung offensichtlich ist. Das spirituelle Vorwärtskommen des Menschen hängt unweigerlich von der Annahme dieser persönlichen Verantwortung ab. Aufgrund der ihm gegebenen, einmaligen Fähigkeit, logisch zu denken, kritisch zu urteilen und den freien Willen – nicht die Freiheit – zu äußern, steht es dem Menschen frei, sein Leben in Harmonie mit den Gesetzen des Universums zu gestalten und so in und um sich einen Zustand der Ganzheit (der Heilung) zu bewahren und die Wechselwirkung zwischen seiner Aura und den feineren Kräften der Natur (den kosmischen Kräften) aufrechtzuerhalten.

Damit können wir also sagen, daß jede Form der Heilung die Anwendung dieser universellen Gesetze ist (ob die Anwendung nun willentlich, bewußt oder unbewußt erfolgt), um die in jedem belebten oder unbelebten Wesen innewohnenden natürlichen Heilungskräfte anzuregen. Dies erfolgt mit der Absicht, die Lebenskraft in allen Dingen positiv zu beeinflussen und zu ihrer Evolution und Involution beizutragen und damit Harmonie, Ganzheit und Einheit (Heilung) in und zwischen ihnen zu erhalten.

Zusammenfassend kann man festhalten, daß Heilung zu jeder Zeit im Laufe der Evolution des Menschen vorhanden ist; daß alle manifesten Formen von Energieaustausch, die eine harmonische Anpassung an das universelle Gesetz bewirken, Kriterien für unser Verständnis des Heilungsakts sind; beim Heilungsvorgang befinden wir uns also auf der physischen Ebene zur Vervollkommnung des fortlaufenden Prozesses hin zur Ganzheit, dessen Ursprung das Absolute ist, dem wir die Eigenschaften der Allgegenwart, Allwissenheit und Allmacht zuschreiben.

Magnetische Heilung

Zur Heilung gehört der magnetische Aspekt. Damit ist das elektromagnetische Feld gemeint, das alle Lebewesen genauso umgibt wie unbelebte Dinge, wie Holz, Metall und so weiter. Wir Menschen können mit diesem Magnetfeld verschiedene physische Zentren im Körper herausbilden und aktivieren, um ein inneres Gleichgewicht zu erhalten. Dies erfolgt ganz einfach durch Berührung. Durch Berührung wird ein Energieaustausch eingeleitet, und dieser Austausch von magnetischer Energie zwischen Personen wirkt sich auf das Nervensystem des Körpers aus. Der Grund dafür ist, daß eine Person durch die Berührung eines anderen Menschen eine gewisse Veränderung in der Funktion verschiedener Organe hervorrufen kann. Es erfolgt keine Heilung – nur eine periodische oder zeitweilige Veränderung der Symptome, die in irgendeinem Zustand an den Tag gelegt wurden, zum Beispiel in Form von Kopfschmerzen, Streß oder Nervenanspannung. In derartigen

Fällen kann magnetische Heilung vorübergehend nur durch das »Handauflegen« Hilfe bringen.

Während der physische Körper in Schwingung ist und seine magnetische Energie rund um die eigene Ausstrahlungsquelle aussendet, erhält er mittels eines ätherischen Kraftfelds kosmische Energie. Dadurch entsteht in dem Bereich, in dem diese zwei Kraftfelder aufeinander wirken, ein »unpassierbarer Ring« oder eine Grenzlinie, die Aura genannt wird. Sie markiert die Grenze, innerhalb welcher die Aktivitäten des ätherischen (gesundheitlichen), mentalen und emotionalen Körpers voll und ganz eine Einheit bilden und so den Seinszustand eines jeden einzelnen bestimmen.

Daraus folgt, daß es unmöglich ist, diesen Bereich von außen zu durchdringen, außer in emphatischer oder altruistischer Zusammenarbeit mit dem Ursprung. Wollen wir in einer Gruppe dieses Energiefeld in Balance bringen, ist ein entspannter Körper- und Geisteszustand von größter Bedeutung und eine Voraussetzung für die spirituelle Weiterentwicklung. Der nächste Schritt ist, in völliger Harmonie mit dem höheren Selbst zu sein.

Der physische Körper strahlt in genau vier Bereichen Energie aus:

1. Die Füße
Durch unsere Fußsohlen nehmen wir die magnetische Energie der Erde auf. Die Erde ist selbst ein physisches Wesen, das von Energie umgeben ist. Sie hat auch eine spirituelle Existenz oder Ebene.

Damit Heilung durchgeführt werden kann, muß man nicht unbedingt daran glauben. Es ist allgemein bekannt, daß sie stattfindet. Erkennt man sich selbst und den Aufbau und die Funktion seines eigenen Seins in der physischen Welt, beginnt man zu denken und zu suchen, was zur Folge hat, daß man langsam in viel größeren Einklang mit den höheren Seinsebenen kommt.

2. Die Hände
sind der Bereich, von dem Energie ausgestrahlt wird.

3. Der Kopf
ist der Bereich, in dem die Energie gespeichert wird.

4. Der Ätherkörper
Der physische Körper ist vom ätherischen Körper umgeben. Er und seine Organe sind eine genaue Nachbildung des physischen Körpers. Er ist die Hülle, die alle belebten Objekte umgibt, und er lenkt alle vom Kosmos und von außerhalb des Sonnensystems einfallenden Energien. Ohne diese Hülle würden wir blitzartig verbrennen. Dank dieser Hülle, in der wir leben, sind wir fähig, die aus dem Kosmos kommende Energie zu kontrollieren.

Die oben erwähnten Bereiche stehen in enger Verbindung zu der magnetischen Energie, in der wir uns bewegen und die Teil unserer Zusammensetzung ist.

In der magnetischen Heilung nimmt die linke Hand Energie auf, und die rechte Hand gibt Energie ab. Dadurch wird deine magnetische Energie unmittelbar im Gleichgewicht gehalten. Du hast die Möglichkeit, deine magnetische Energie mit Hilfe einer einfachen Übung noch besser auszubalancieren: Sitze oder stehe in entspannter Haltung, halte die rechte Hand über das Sonnengeflecht und lege die linke Hand in den Nacken. Atme einige Male recht tief durch. Fühlst du dich müde oder nicht sehr wohl, wird diese Übung das gesamte Energiefeld deines Systems wieder in Balance bringen, denn sie bewirkt, daß die Energie in den Rückenwirbeln (die wichtigsten Teile des physischen Körpers) erneut auf und ab fließen. Damit entwickelst du eine Polarität deiner Energien und bringst so dein ganzes physisches System ins Gleichgewicht. Du kannst dieser Übung auch Bilder hinzufügen, projizierte Gedanken von Energie, die von überall auf dich einströmen und deinen gesamten Körper einhüllen, wie du es dir wünschen würdest. Du kannst diese Energie auf bestimmte Teile deines physischen Körpers lenken, was den natürlichen Energiefluß im Körper reguliert und fördert.

Geistheilung

In der Geistheilung wird diese Art von Visualisierung sehr häufig angewandt und in Verbindung damit der Geist und der Wille. Bei der Durchführung einer magnetischen Heilung brauchst du an gar nichts zu denken. Du legst ganz einfach nur deine Hände auf den Punkt oder die Person, und ein magnetischer Fluß wird eingeleitet. Das ist sehr wirksam. Magnetische Heilung findet zum Beispiel statt, wenn eine Mutter ihr Kind umarmt, um es nach einem Sturz zu trösten und ihm ihr Mitgefühl zu zeigen. Sympathieheilung fließt von der Mutter zum Kind. Sympathie, Liebe und Mitleid sind eng mit der magnetischen Heilung und mit der allgemeinen Struktur, die von allen Menschen auf der physischen Ebene geteilt wird, verbunden.

Der geistige Heilungszustand kann herbeigeführt werden, indem man den Geist durch die gewollte Steuerung jenes magnetischen Heilungsstroms zum Heilen ausrichtet, der oben beschrieben wurde. Lenkst du ihn in deinem Geist an bestimmte Punkte oder in bestimmte Bereiche, kannst du Zustände im physischen Körper positiv beeinflussen. Du kannst die Geistheilung aus der Entfernung lenken und sie auch dann durchführen, wenn die Person nicht in deiner Gegenwart ist und du sie vielleicht gar nicht kennst. Du brauchst nur mit deinem Willen die Übertragung dieser geistigen Energie zu einer gedachten Form lenken. Du könntest dir zum Beispiel diese Form mehr oder weniger oval vorstellen und, wenn du weißt, welche Körperteile geheilt werden sollen – Herz, Kopf, Lungen und so weiter – lenkst du sie mit beiden Händen in diesen bestimmten Bereich.

Geistheilung besteht zum größten Teil aus folgendem: du

veranlaßt deinen Geist oder Willen, diesen Fluß oder Strom von Energie zu lenken. Das funktioniert deshalb, weil überall in der Natur zwei gegensätzliche Kräfte wirken, und es gibt eine Kraft, die sie an die physische Ebene bindet, und das ist die spirituelle Energie. Wenn du also bewußt die Aktivierung der spirituellen Energie in dir hervorrufst, um den Zustand der spirituellen Energie in einer anderen Person, die auf derselben physischen Ebene ist wie du, zu beeinflussen, greifst du in die dich umgebenden Energiefelder ein und holst sie herunter oder stimmst sie auf jene Ebene ab, auf der du arbeitest. Du wirkst damit also auf einen Zustand ein, der von Krankheit befallen ist, und hilfst, ihn in Ordnung zu bringen. Das ist Geistheilung. Wenn du willst, kannst du die Wirkung mit deiner Atmung verstärken. Während du ein- und ausatmest, visualisiere Energie, die in einem bestimmten Bereich fließt, das kann sehr positiv und wirkungsvoll sein.

Alle diese Techniken erfordern natürlich gewisse Übung und Disziplin, wie stille Meditation oder auch spezielle Atemtechniken wie pranisches Atmen, durch das die Lebenskraft aus der dich umgebenden Atmosphäre hereingeholt wird. Für das pranische Atmen halte dein rechtes Nasenloch zu und atme tief durch dein linkes Nasenloch ein; visualisiere dabei, wie du mit dem Atem Lebenskraft aufnimmst, die direkt hinunter zum Wurzelchakra im unteren Rumpf strömt und wieder hinauf und hinaus durch das rechte Nasenloch. Diese Art von Übung ist sehr hilfreich und nützlich für die Durchführung einer Geistheilung, die die zweite Ebene darstellt, auf der wir unsere Heilungsfähigkeiten anwenden können.

Denke immer daran, daß Heilung schon vorhanden ist. Wünschst du Heilung (zum Beispiel für dich selbst, wie in der Selbstheilung), öffne dich für sie, und du wirst sie erhalten. Als eines Tages eine junge Mutter wegen einer Heilung zu mir kam, empfahl ich ihr, diese Methode anzuwenden. Sie führte die Übung durch und rief mich am nächsten Tag an, um mir zu sagen, daß sie sich viel besser fühle, daß aber ihre kleine Tochter etwas unter dem Wetter litt und Fieber hatte. Ich gab ihr den Rat, ihren Arzt aufzusuchen, der aber zu dem Zeitpunkt nicht erreichbar war. Also sagte ich ihr, sie solle genau dieselbe Übung für ihre kleine Tochter anwenden und sehen was passiert. Sie hatte ernsthafte Zweifel, aber ich wies sie darauf hin, daß wir alle eine natürliche Gabe zum Heilen haben. Sie versuchte es und berichtete mir nach einer halben Stunde, daß sich ihre Tochter viel besser fühlte. Das Kind mußte tatsächlich kein Medikament einnehmen und auch nicht zum Arzt gebracht werden.

So wie der Glaube zur Natur aller Menschen gehört, so trifft dies in gewisser Hinsicht auch auf die Glaubensheilung zu. Wir zeigen alle in unserem Leben ein gewisses Maß an Glauben, anderenfalls würden wir es nicht wagen, all die Dinge zu tun, die wir nur in gutem Glauben ausführen – unversehrt auf fahrende Busse aufspringen, Straßen überqueren, bis hin zum nächtlichen Einschlafen mit dem Vertrauen, daß wir am nächsten Morgen wieder aufwachen werden. Wir alle verfügen über Glauben, aber das ist nicht der ausschlaggebende Faktor für die Heilung. Alle Kreaturen legen ein klein wenig Glauben an den Tag. Aber wir wissen in unserem Glauben, daß wir im Umkreis unserer eigenen Existenz in bezug auf andere sicher sind, und dieser Glaube aktiviert das Zentrum in uns, das uns als das spirituelle Zentrum bekannt ist.

Spirituelle Heilung

Das spirituelle Handeln ist der Gipfel, der Höhepunkt der wahren Heilung. Spirituelle Heilung erfordert weder die Kenntnis irgendwelcher Techniken, noch Glauben oder Überzeugung. Du brauchst kein besonderes Wissen und mußt nicht religiös sein. Du mußt einfach nur sein. Wenn du *bist*, bewußt bist, ein spirituelles Wesen manifestiert im physischen Sein, beginnst du, ein wahrer Heilungskanal zu werden. An diesem Punkt hat Heilung keine bestimmte Bezeichnung mehr; sie ist weder spirituell, noch geistig oder magnetisch, sondern ganz einfach – Heilung. Bist du dir bewußt, daß du von Natur aus spirituell und als physisches Wesen manifestiert bist, wird dieses Wissen dein eigenes spirituelles Zentrum in dir aktivieren, was sich zu gegebener Zeit auf die kleinsten Strukturen deines Körpers, die Zellen, auswirken wird. Jede Zelle ist wie ein Universum. Sie enthält in sich ein Zentrum und strahlt Energie aus, und die genaue Nachbildung einer jeden Zelle ist im Ätherkörper enthalten, der jeden Teil des physischen Körpers exakt abbildet.

Die ätherische Nachbildung des Körpers aktiviert die spirituellen Energien des Menschen. Dieses Aktivieren geht recht natürlich vor sich, wenn du nur weißt, wer und was du bist und dich nur auf das Sein konzentrierst. In der spirituellen Heilung muß dir nicht gesagt werden, daß du ein Heiler bist; du mußt auch nicht als Heiler ausgebildet werden. Du bist von Geburt aus schon ein Heiler, auch wenn dir vielleicht nicht bewußt ist, daß Heilung stattfindet.

Siehst du dir nun dein Leben an, dein eigenes Dasein, die Dinge, die du tust, dann erkennst du einen Heilungsakt in allem, was du machst, und du erfüllst den Plan, der Ganzheit, Perfektion, Einheit, Erleuchtung ist. Das alles sind Phasen auf dem Weg zur Realisierung von wer und was du bist. Das wirst du eines Tages mit deinem ganzen Sein erkennen und akzeptieren. Dies ist sehr schwer für uns, denn wir sind in den Forderungen des physischen Körpers verfangen und finden uns in den verschiedensten Bedingungen wieder. Wir stoßen auf unsere Emotionen und all die Dinge, die wir entscheiden müssen, und wir müssen mit Familie, Umgebung und so vielen anderen Dingen fertig werden, die uns davon abhalten, über die grundlegende Wahrheit unseres Seins nachzudenken, nämlich, daß wir in erster und vorderster Linie spirituelle Wesen sind.

Die Voraussetzung für wirkliche Heilung ist demnach das Bewußtsein der eigenen spirituellen Natur. Hast du dieses Bewußtsein erreicht, arbeite bewußt weiter daran. Nimm dir täglich fünfzehn Minuten Zeit für stille Meditation, oder auch mehr. Es ist nicht notwendig, daß du über einen bestimmten Gegenstand meditierst oder irgend etwas vor dir hast, über das du meditierst. Sitze nur ganz ruhig da, höre auf deine Atmung und sei einfach nur. Laß deine Gedanken gehen, versuche nicht, sie festzuhalten, auch wenn dir dies anfangs etwas schwer fallen wird, denn Gedanken sind Produkte des Geistes. Sie wollen sich irgendwo festsetzen und versuchen, Dinge einzuleiten, an denen sie festhalten können. Es mag nicht leicht sein, aber auf dein Atmen zu hören ist die einfachste Methode, die richtige Technik zu entwickeln. Laß deinen Geist nach innen in deine Atmung wandern. Du wirst merken, wie deine Gedanken nach und nach weniger werden. Führst du diese Übung täglich fünfzehn Minuten lang durch, wirst du allmählich feststellen, daß manche Schwierigkeiten, Probleme und so weiter, die unüberwindbar schienen, an Bedeutung verlieren und du mit ihnen fertig werden kannst. Sie verschwinden nicht blitzartig, aber es fällt dir viel leichter, sie auf deine Art und Weise zu bewältigen.

Ein Zeichen für diese Entwicklung ist, wenn du schließlich bemerkst, daß sich Menschen von dir angezogen fühlen. Sie werden zu dir kommen, häufig aus ziemlich unerklärlichen Gründen und dich um Hilfe bei diesem oder jenem Problem bitten; Menschen, von denen du nicht einmal im Traum gedacht hättest, daß sie irgend etwas mit dir gemeinsam hätten. Du beginnst zu einem Lichtzentrum zu werden, indem du ein Lichtzentrum in dir schaffst, und du kannst es weiter ausdehnen, wenn du jenen Menschen heilende Gedanken sendest, von denen du in deinem Geist glaubst, daß sie Hilfe brauchen. Kennst du niemanden, der Hilfe nötig hat, sende Gedanken des Friedens und Mitleids an die Welt ganz allgemein, denn damit benutzt du die

Kanäle deines eigenen Heilungszentrums, und du aktivierst deinen gesamten Körper und die Energie in ihm, und zur gegebenen Zeit wirst du fähig sein zu empfangen. Nimmst du immer nur auf anstatt zu geben, wird das System oder der Kanal nach einer Weile blockiert, und du wirst aus dem Gleichgewicht geworfen und fühlst dich am Ende nicht mehr wohl, was dann wiederum der Ausgangspunkt für Krankheiten ist.

Eine häufige Krankheitsursache ist unser zu starkes Festhalten an Dingen; wir denken zu materiell, werden zu ängstlich und wollen nichts aufgeben. »Wenn ich das verliere, dann werde ich jenes nicht mehr haben« ist jene Art von Ansicht, die Krankheiten hervorruft, und in der Heilung wollen wir dieses Ein- und Ausfließen von Energie durch einen einfachen Vorgang ausbalancieren – durch das Geben. Je mehr du gibst, desto mehr erhältst du.

Jeder Mensch hat einen Einstiegsbereich für die Kommunikation, das ist der Geist. Findest du einen solchen Einstieg, fällt jede Heilung leichter. Dasselbe trifft auch auf Kinder zu. Es ist wichtig, einen solchen Einstiegsbereich mit allen deinen Patienten festzulegen. Suche für jeden deiner Patienten einen Kommunikationseinstieg, entweder mittels Musik oder durch Sprechen oder Berührung – was immer dir am geeignetsten erscheint.

Es ist auch sehr wichtig zu lernen, seinen Patienten zuzuhören. Ein guter Zuhörer zu sein, mit einem offenen Ohr und einem freundlichen Gedanken, ist von ungeheurer Hilfe für den Heiler. Lerne, wie man gut mit »Kranken« umgeht.

In der spirituellen Heilung ist es absolut nicht notwendig, die Person zu berühren. Du brauchst im Grunde genommen nichts anderes zu tun, als dich gemeinsam mit der Person hinzusetzen und sie erzählen zu lassen. Wenn du dich entsprechend fühlst, kannst du deine Hand auf jenen Körperteil legen, der geheilt werden soll; aber es ist nicht notwendig, denn die Heilung selbst findet auf der subtilen oder höchsten Seinsebene statt, in den Bereichen der spirituellen Aktivität, und diese sind nicht »weit entfernt« von uns. Diese höchste Seinsebene befindet sich in dir, rund um dich herum und ist unser aller gemeinsamer Nenner – die spirituelle Energie, die zwischen unseren Seinsformen fließt, die uns allen gemeinsam sind. Trotzdem bringen wir uns selbst mit herein, unsere eigene Persönlichkeit, durch unsere Beteiligung mit dem physischen Körper, der über sein eigenes Balancesystem verfügt, mit dem er überflüssige Energie an die verschiedenen Organe verteilt.

Wir verbessern die Wirkung, wenn wir Energie bewußt zu jenem Organ lenken, von dem wir glauben, daß es zur gegebenen Zeit diese gerade am nötigsten braucht. Wir müssen nicht befürchten, daß dieses bewußte »Lenken« unsererseits allein schon ein Ungleichgewicht bewirken wird, denn solange Energie in Bewegung ist und nicht blockiert wird, solange ein rhythmisches, harmonisches Fließen aufrechterhalten wird, erfolgt ein selbständiger Ausgleich. Ich muß noch vor plötzlichen Intuitionen bezüglich Diagnosen warnen: Heiler sollten diese mit Vorsicht betrachten, da sie häufig falsch sind; besonders dann, wenn der Heiler noch nicht lange praktiziert. Durch deinen Glauben daran ist die Gefahr gegeben, daß sie für dich, oder, was noch schlimmer ist, für deinen Patienten wahr werden. Teile deinem Patienten deshalb nicht mit, was deine Intuition »diagnostiziert« hat, bis du nicht umfangreiche Erfahrung gesammelt hast, die dir sagt, daß du auf der richtigen Spur bist, und daß deine Diagnose auf eine begründete Intuition zurückzuführen ist und nicht auf dein Unbewußtes. Je besser wir uns selber kennen, desto nachhaltiger werden wir diese zwei unterscheiden lernen.

Heilung ist der Ausdruck einiger Ziele und Hoffnungen all jener Menschen, die bewußt auf die *Einheit* zustreben. Der Grundaspekt der Heilung ist die Verantwortung sich selbst und den anderen gegenüber. Die verschiedenen Methoden und Mittel, mit denen wir diese Verantwortung in die Tat umsetzen, sind die Heilungstechniken, die unsere Annäherung an die Einheit ausdrücken.

Heilung ist die Anwendung der Naturgesetze des Universums (und aller Energien), das alle Manifestationen des Lebens enthält, deren wir als Menschen bewußt sind.

Dies steht in Zusammenhang mit dem Austausch von Gedanken, Taten und vor allem mit dem Gefühl der Einheit, Gemeinschaft und des Mitleids aller Arten in der Natur, die sich entwickeln, besonders uns selbst und unseren Mitmenschen gegenüber. Wir tragen eine ganz spezielle Verantwortung nicht nur uns selbst, sondern allen sich entwickelnden Arten der Natur gegenüber. Die Heilung drückt also die Anwendung unserer verantwortungsvollen Annäherung an die Einheit in der gesamten Natur aus, und auf diese Weise stellen wir fest, daß wir als Menschen die einmalige Fähigkeit haben, uns in Harmonie und in Verbindung mit dieser universellen Einheit zu bringen. Dadurch können wir die Evolution aller Arten fördern und anregen, vor allem jener, die auf einer niedrigeren Evolutionsstufe stehen, im Mineralreich, Pflanzenreich, Tierreich und Menschenreich, und einer Hierarchie von Wesen, die (wenn auch mit unserer Mitarbeit) verantwortlich für das Schicksal der Menschheit sind. Wir unterscheiden uns von ihnen dadurch, daß wir unser Selbstbewußtsein in einem physischen Körper tragen. Diese Wesen, die sich über die Stufe der physischen Inkarnation hinausentwickelt haben, besitzen keinen physischen Körper mehr. Was wir in der Heilung mit unserer Annäherung an die Einheit und Ganzheit versuchen nachzuvollziehen, ist die Erhaltung eines Bewußtseinsstroms zwischen allen sich fortentwickelnden Arten und jenen Arten, die diese Entwicklungsstufe noch nicht erreicht haben.

Sind wir imstande, Heilung positiv für diesen Zweck anzuwenden, können wir uns als Heiler und erleuchtete Wesen bezeichnen, ja sogar als Meister. Wie können wir nun diesen Zustand der Einheit aufrechterhalten? Das wichtigste ist das Wissen von unserem Selbst, von unserer physischen, geistigen und spirituellen Natur. Im Rahmen dieser drei Aspekte unseres Wesens sind wir fähig, den Zweck unseres Daseins zu erfüllen und den Plan und das Werk in bewußter Zusammenarbeit mit dem Plan des Absoluten, der höchsten Intelligenz und höchsten Kraft zu vollenden. Der Zweck unseres Daseins ist die vollkommene und bewußte Zusammenarbeit mit der höchsten Stufe unseres Seins, das in uns ist, zentriert im Herzen, und auf diese Weise können wir jene Einheit physisch, emotional, geistig und spirituell zum Ausdruck bringen, die in der ganzen Schöpfung vorhanden ist. In der Heilung brauchen wir also das Wissen von uns selbst, nicht nur als physische, sondern auch als spirituelle Wesen, die sich zur Einheit hinentwickeln.

Wir besitzen das Vermögen zu verstehen, logisch zu denken, das »Warum« zu erkennen, und zur Zeit versuchen wir immer noch zu erfahren, was hinter dem Phänomen unserer Existenz steht. Das eine wissen wir jedoch sicher, daß wir nicht immer so sein werden wie in dieser physischen Welt, denn wir haben einen bestimmten Zeitabschnitt, um unsere Aufgaben hier zu erfüllen. All jene von euch, die diese Theorie nicht akzeptieren, werden an der Erfüllung und Ausführung der Aufgaben, die in dieser Inkarnation nicht übernommen wurden, viel schwerer arbeiten müssen. Heilung bezieht sich also nicht nur auf die Verwirklichung und Erhaltung der körperlichen Gesundheit, sondern besteht auch aus dem Wissen von sich selbst und dem Gebrauch der Talente, die uns gegeben wurden.

Praktische Methodik

In Harmonie sein – Grundlage für die Vorbereitung zur Heilerschaft

Die erste Voraussetzung, die ein Heiler erfüllen muß, ist, sich mit einer höheren spirituellen Bewußtseinsebene in Harmonie zu bringen. Damit er zu einem offenen Heilungskanal wird, ist es notwendig, den Geist in irgendeiner Form zu reinigen. Der Alltagskram muß weggeräumt werden, damit die Heilungsenergien, die überall um uns herum sind, ungehindert wirken können. Sind wir im richtigen Zustand der Harmonie, dann sind wir bewußt eins mit dem Zentrum unseres eigenen Seins. Haben wir diesen Zustand erreicht, werden wir automatisch eins mit dem Zentrum, das allen Arten der Schöpfung angeboren ist, und gleichzeitig werden wir eins mit dem kosmischen Zentrum des Seins, wodurch die kosmische Heilungsenergie frei zwischen uns und anderen Wesen fließen kann.

Die Verbindung

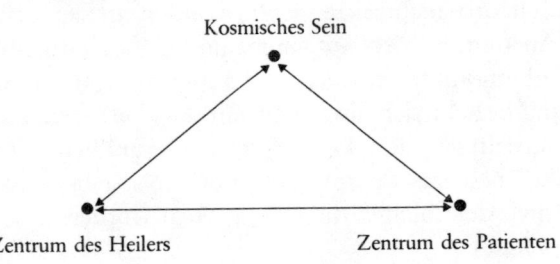

Kosmisches Sein

Zentrum des Heilers   Zentrum des Patienten

Während des Heilungsvorgangs werden wir uns der Verbindung zwischen den Zentren unseres eigenen Seins, dem des kosmischen Seins und dem des Seins des Patienten bewußt, wie es im obigen Diagramm dargestellt ist. Diese Verbindung kann manchmal sehr spontan zustande kommen, ohne daß wir uns dessen bewußt sind, einfach durch unseren unbewußten oder instinktiven Wunsch zu helfen oder in gemeinsamer Verbundenheit mit einem anderen Wesen zu sein. Dies kann sich zu jeder Zeit und an jedem Ort zeigen, vorausgesetzt, unser Bewußtsein ist ausreichend erweitert; denn wir alle stammen vom selben Ursprung, und wir unterscheiden uns nur durch die Art, wie wir diese angeborene Eigenschaft der spirituellen Natur ausdrücken, die in uns ist.

Wir haben wahrscheinlich alle schon einmal die gegenseitige Verbindung zwischen den Energien jeder einzelnen manifesten Form der Schöpfung erlebt, ohne zu begreifen, daß es sich dabei um ein natürliches Phänomen handelt, um einen angeborenen Teil unseres Seins. Im Inneren des Zentrums eines jeden Menschen und jeder anderen manifesten Form der Natur befindet sich ein Energiezentrum, das allen Dingen gemeinsam ist. Der einzige Unterschied ist, daß manche Objekte unbelebt sind und ihre Natur nicht bewußt ändern, sondern sich an ihre natürliche Umgebung anpassen, während andere das sehr wohl bewußt machen. Die menschliche Rasse gehört zu letzterer Kategorie, denn wir können die Energien, die in uns im Überfluß vorhanden sind, bewußt ändern und lenken. Die anderen Arten der Schöpfung (die des Tier-, Pflanzen- und Mineralreichs) handeln diesbezüglich nicht bewußt. Sie reagieren instinktiv auf die Merkmale ihrer Umwelt und auf die Wechselwirkung all jener Elemente, die zusammen die physische Welt bilden, in der wir leben.

Der Mensch kann bewußt ein enges Verhältnis zwischen sich und anderen Menschen wiederherstellen, ebenso wie jene Arten, die in einem Entwicklungsstadium spiritueller Energie sind. Das Zentrum spiritueller Energie strahlt innerhalb und rund um unser physisches Sein, ja über dessen äußersten Rand hinaus. Es tritt in Verbindung mit anderen Wesen und erfährt eine Erwiderung. Wenn wir Glück haben, dann drückt sich diese Erwiderung als Heilung aus, auch wenn wir nicht immer über alle Faktoren, die dazu notwendig sind, die Kontrolle haben. Wir können aber zumindest unsere Fähigkeit perfektionieren, in Harmonie zu sein, und diese Harmonie wird aus uns einen besseren Heilungskanal machen.

Die Erfahrung, in Harmonie zu sein, ist schwer zu beschreiben; sie ist auch von Person zu Person ein wenig verschieden. Gewöhnlich macht sich ein Gefühl breit, daß der Geist frei schwebt, und gleichzeitig wird das Bewußtsein auf unerklärliche Weise verstärkt. Es kommen zweierlei Gefühle auf: einerseits ein Gefühl der Intensivierung und andererseits ein Gefühl der Erweiterung; die Menschen fühlen sich meist sehr entspannt und zur gleichen Zeit sehr bewußt. Manchmal wird dieser Zustand als ein Zustand der Gnade bezeichnet, und es ist ganz sicher ein Zustand der Heiligkeit, sowohl im Sinne von »Ganzheit« als auch im Sinne von höherer Spiritualität. Im richtigen Zustand der Harmonie sind wir eins mit dem gesamten Leben, mit aller Energie. In perfekter Harmonie zu sein heißt, perfekt »in der Einheit« zu sein, und in diesem Zustand bilden die verschiedenen Ebenen unseres Seins ein Ganzes, die untereinander und mit dem Universum in vollkommener Harmonie sind. Durch regelmäßige Übung kann dieser Zustand sehr viel leichter und wann immer man will erreicht werden.

Instinktiv oder intuitiv in Harmonie sein

Man kann sich ganz unbewußt aus Instinkt oder Intuition heraus in Harmonie befinden, durch eine plötzliche Polarisation der Magnetfelder zweier Personen, und zwar dann, wenn bestimmte Faktoren bei ihrem Zusammentreffen übereinstimmen. Mitleid ist zum Beispiel ein Faktor, der einen plötzlichen Strom von Heilungsenergie zwischen zwei Leuten hervorrufen kann. Das kann sich zu jeder Zeit und an jedem Ort ereignen, vorausgesetzt, wir befinden uns in einem entspannten, erweiterten Bewußtseinszustand und unsere Energien sind gerade richtig ausgerichtet. Heilung kann dann einfach aus unserem Wunsch heraus stattfinden, Ganzheit innerhalb und um eine Person zu erlangen, die im Einklang mit unserer eigenen »Einheit«, unserem eigenen Sein steht. Das läuft ohne unser Wissen ab, oder wir sind uns des Vorgangs bewußt, aber es handelt sich immer um ein sporadisches, ungeplantes Ereignis, im Unterschied zur Arbeit eines ausgebildeten Heilers. Es ereignen sich zu jedem Zeitpunkt ziemlich zahlreiche Phänomene dieser Art.

Findest du dich in einer solchen Situation wieder, entspanne dich. Habe nicht das Gefühl, daß etwas Merkwürdiges vor sich geht. Hole das meiste aus dieser Situation heraus und »gehe mit ihr mit«, wie es in den Lehren des Judo heißt. Du wirst auch feststellen, daß dein Instinkt und deine Intuition schärfer als gewöhnlich sind und wirkungsvoller arbeiten, und du wirst dies ausnutzen, um behutsam »Vorgänge zu lenken« und die Heilung durch ihre verschiedenen Stadien hindurch weitertragen, indem du instinktiv die Energien, die du in dir und um dich herum fühlst, in Balance bringst. Damit erhält deine Erfahrung eine neue Dimension, die sehr interessant und nützlich für dich sein wird, besonders sobald du in deiner Ausbildung als Heiler Fortschritte machst.

Bewußtes In-Harmonie-Sein

Ein gelegentliches Ausbrechen von Heilungsenergie ist kein Ersatz für eine beständige, sich stabilisierende Heilungskraft, die zum Teil durch Harmonie und zum Teil durch Erfahrung und Anstrengung entwickelt werden kann. Bewußtes sich In-Harmonie-Setzen ist der erste Schritt, um sich auf die Heilerschaft vorzubereiten. Der zukünftige

Heiler muß Harmonie üben, damit er zu einem bewußten Heilungskanal wird, und er muß ständig an seiner Heilerschaft arbeiten, indem er sich selbst als ein Kanal reinigt und ein bewußter Mitarbeiter in der Einheit wird. Das ist der wichtigste Punkt, den man lernen muß. Man muß bestimmte Methoden beherrschen, damit man bewußt diesen Zustand der Harmonie oder der Einheit erlangen kann. Die Fähigkeit, uns in Einklang mit dem Seinszentrum anderer zu bringen und uns damit zu verbinden, gibt unserer Existenz zusätzlich neue Dimensionen in Hülle und Fülle.

Der beste Weg, dies zu erreichen, sind einfache Meditationsübungen, von denen man einige erlernen sollte. Eine dieser Meditationsformen ist zum Beispiel das Hören auf den eigenen Atem, wie es bereits beschrieben wurde. Das ist die bei weitem einfachste Art, sich in Harmonie zu bringen – die erste und allerwichtigste Sache, die ein Heiler erlernen kann. Verwendet man jeden Tag ein paar Augenblicke dazu, auf seine Atmung zu hören und alles andere auszuschalten, wird man erstaunliche Ergebnisse erzielen und die Bereitschaft für die Durchführung einer Heilung in der Zukunft steigern.

Eine sehr gute Übung ist auch die Visualisierung des ätherischen Bindeglieds der Mitglieder einer Gruppe, wie ich dies im vorhergehenden Abschnitt beschrieben habe. Es genügt auch, wenn man fünf bis zehn Minuten täglich der Stille des Geists widmet, was nach einer gewissen Zeit die Fähigkeit, in Harmonie zu sein, beachtlich fördert. Für welche Methode man sich auch entscheidet, regelmäßige Übung ist der Schlüssel zum Erfolg. Damit die Methode eine Wirkung zeigt, muß sie für mindestens zwei Wochen regelmäßig geübt werden, oder besser noch länger.

Derartige Übungen werden manchmal mit den Worten eingeleitet: »Entleere deinen Geist«, aber diese Einleitung läßt häufig ein Mißverständnis aufkommen, denn es ist unmöglich, an gar nichts zu denken; Gedanken hören nie auf zu fließen, denn Gedanken sind Energie. Nur das

Bewußtsein kann zur Ruhe gebracht werden, und auch nur dann, wenn es im Überbewußtsein (Samadhi) zentriert ist, wo alles Seligkeit, Sein und *Nicht-Sein* ist. Ist man in Harmonie, ist das Bewußtsein erweitert, und wir verbinden uns auf einer bedeutungsvollen Ebene mit anderen und entwickeln eine gegenseitige Verbindung oder Gemeinschaft, die Voraussetzung für die Heilung ist.

Allen diesen Übungen sollte bewußte körperliche Entspannung vorausgehen, die von den Füßen ausgeht. Man sollte versuchen, bewußt den Geist zu entspannen und ihn frei treiben zu lassen.

Meditation

Um gründlich auf die Meditation eingehen zu können, müßte man ein eigenes Buch schreiben. Ich will nur versuchen, einige Ideen bezüglich ihrer Anwendung und ihres Ziels darzulegen. Sie sollte natürlich regelmäßig und so oft wie möglich geübt werden. Ab und zu bei einer geführten Meditation mitzumachen, fördert den Prozeß und bereichert die Erfahrung.

Das ursprüngliche Ziel der Meditation war die Erlangung von hoher Spiritualität, und das ist heute noch genauso gültig wie vor Tausenden von Jahren; aber die moderne Erfahrung zeigt, daß sie auch für eine Reihe anderer Zwecke benutzt werden kann, und einige davon sind recht weltlich.

Normalerweise sind die Gedanken nicht gelenkt – auch wenn sie dadurch nicht unbedingt vergeudet sind – und überrollen unser Gehirn wie eine Lawine, was uns nirgendwohin bringt. Wir alle müssen geordnetes Denken üben, damit wir unsere täglichen Aufgaben effektiv erfüllen und infolgedessen mehr Energie spirituellen Aufgaben wie dem Heilen widmen können. Ein in dieser Weise trainierter Geist kann ganz leicht unter allen Bedingungen ruhiggestellt werden. Es fällt ihm leichter, nachts in einen friedlichen Schlaf zu fallen, er ist fähig, Probleme besser anzugehen und zu bewältigen, vertreibt Pessimismus und vermindert sogar Schmerzen. Das sind einige der Vorzüge der Meditation.

Wir können in der Meditation drei Funktionsebenen des Geistes unterscheiden: die bewußte, unterbewußte und überbewußte Ebene. Die Sinneswahrnehmungen und die Gefühle von Schmerz und Freude nimmt der Geist auf seiner bewußten Ebene wahr. Hier treffen wir auf Selbstvergessenheit und Emotionen. Wendet sich der Geist nach innen und erkennt seine eigene Existenz, den Prozeß seiner eigenen Transformation während der Sinneswahrnehmungen und seine Quelle der Lebensenergie, dann befindet er sich auf der Ebene des Unterbewußtseins. Auf dieser Ebene finden wir inneres Bewußtsein und Seelenbewußtsein, und daraus entsteht Erkenntnis. Erkennt der Geist seinen Ursprung, erfährt er vollkommene Perfektion und erkennt sich selbst als ein universelles Wesen, als die absolute Wahrheit. Das ist der Höhepunkt der Meditation, das Ergebnis der richtigen Ausübung dieser Disziplin. Das Ziel des Menschen ist es, in der Meditation ein Bewußtsein zu erlangen, um auf diesen drei Ebenen wirken zu können und so alle Ebenen des Meditationsprozesses zu erkennen, vollkommene Einheit mit dem universellen Sein und die Freude und Ekstase zu erleben, die zu jeder einzelnen dieser Ebenen gehört, wenn sie mit dem Ursprung, dem universellen Sein gleichgesetzt wird. Entsprechen die geistigen und körperlichen Betätigungen und die Lebensart dem Zweck der Geburt, wird das Leben als harmonisch, befriedigend und friedlich empfunden. Probleme und Elend im Leben entstehen in dem Ausmaß, in dem diese Betätigungen nicht dem vorgegebenen Zweck entsprechen.

Die Meditation ist die traditionelle Methode, Bewußtsein zu erwecken und bedeutet nichts anderes, als aufrecht und ruhig zu sitzen, so daß der Urstrom der Schöpfung durch dich hindurchfließen kann, also zwischen Himmel und Erde fließt. Was immer du mit diesem Bewußtsein tust oder sagst, ist richtig, denn es ist ein Ausdruck des gesamten Universums und nicht nur eine eingeschränkte und selbstsüchtige Handlung deines begrenzten Selbst oder Egos. Das ist die wahre Bedeutung des Bewußtseins, das aus deiner Intuition heraus handelt. Die höchste Entwicklung dieses Bewußtseins entspricht in den Fähigkeiten der ersten Bewußtseinsebene oder dem Instinkt. Der Unterschied liegt in der Weiterentwicklung des aktiven Bewußtseins, das sich über immer weitere Bereiche von Raum und Zeit ausdehnt. Wir können diese Bereiche als die sieben Bewußtseinsebenen bezeichnen.

In der Meditation gibt es drei grundsätzliche Phasen: erstens: körperliche Entspannung; zweitens: Konzentration oder die Kontrolle des Geistes, so daß er sich auf eine einzige Sache konzentriert und alles andere ausschaltet, auch die unmittelbare Umgebung; und drittens: Kontemplation, die Endphase, in der man sich keinerlei Gedanken mehr über das Ziel macht. Dann befindet man sich im Zustand der Kontemplation, aber, was noch wichtiger ist, man wird eins mit dem Ziel, ein Teil davon, man ist mit ihm in seiner spirituellen Bedeutung vereint, in einem Zustand absoluter und unbeschreiblicher Glückseligkeit, in wahrer Vereinigung mit dem Göttlichen (Yoga). Nachdem Meditation mit dem Geist zusammenhängt, sollten wir wissen, was der Geist ist. Die meisten Fachleute stimmen darin überein, daß der Geist aus einer Serie von Schwingungen besteht, die innerhalb des Gehirns ablaufen, und er hat seine Eigenheiten: Wir können zwar den Geist kontrollieren und an das denken, was wir wollen, aber wir können ihn nicht daran hindern zu denken. Mit Selbstdisziplin und Willenskraft können wir den Geist auf ein Objekt konzentrieren, aber wir sind nicht imstande, an überhaupt nichts zu denken.

Das eine steht fest: Der Geist muß dir dienen und nicht

dich beherrschen; ist der Geist Herr über das wahre Selbst, könnte das zu Geisteskrankheit führen. Dieses wahre Selbst wird der Gegenstand der Meditationsübung sein; eine der vielen Meditationsübungen besteht also darin, Bewußtsein zu erlangen, mit dem wir den Geist kontrollieren und lenken können. Trotzdem hat der Geist seine Wichtigkeit, wie das schon die Völker des Altertums erkannt haben. Während der Geist seinen Urgrund erforscht, wirkt jede Minute entspannend, und dieser Entspannungszustand führt hin zur Kontemplation. Je tiefer der Geist in sein Innerstes vorstößt, desto kleiner und kleiner wird die Frequenz seiner Schwingungen, und als Folge wird auch die Kraft der Lebensenergie in einer Weise harmonisiert, daß die Zellfunktionen des Körpers und des Gehirns reguliert werden. Tatsache ist, daß im Verlauf der Meditation die kleinsten Zellen des physischen Körpers, die Gehirnzellen, die Stärke der Schwingungen der Lebensenergie und die Frequenz der geistigen Wellen in ihrer Funktion gegenseitig miteinander verbunden sind. Das hat zur Folge, daß der Geist stark genug wird, die Körper- und Gehirnzellen wieder voll funktionstüchtig zu machen, um mit den Wünschen des Geistes fertig zu werden und sich anhaltenden Glücks und Friedens zu erfreuen. Auf einer bestimmten Bewußtseinsebene, auf der der Geist oberflächlich oder auf seiner bewußten Ebene tätig ist, wo sinnliche Vergiftungen und Emotionen vorhanden sind, werden die meisten Gehirnzellen und die Zellen des physischen Körpers überstrapaziert oder zu unregelmäßiger Funktion angeregt. Dies ruft im physischen Körper Krankheit hervor und führt zu geistiger Anspannung im Verhältnis zu den Unregelmäßigkeiten. Kann der Geist dazu gebracht werden, auf der unterbewußten und überbewußten Ebene zu arbeiten, wird das ganze System nach und nach korrigiert und reguliert, und die Funktionsweise der Gehirn- und Körperzellen wird normalisiert. Die Meditationsübung ist demnach ein natürliches Heilmittel zur körperlichen, geistigen und spirituellen Gesundung. Sie ist ebenso vorbeugend wie heilend und bewirkt zusätzlich die Weiterentwicklung des Bewußtseins.

Jetzt verstehen wir die wahre Bedeutung und die Vorteile der Meditation in bezug auf den Geist. In unserem modernen Zeitalter ist es unerläßlich, sich von einer überanstrengenden Lebensweise zu entspannen und den Belastungen des Lebens vorzubeugen. Und wir erkennen das Bedürfnis, ja die Notwendigkeit der Meditation, auch wenn die meditativen Übungsmethoden bestimmter Disziplinen für jene nicht geeignet sein mögen, die ein sehr aktives Leben führen. Man muß einen großen Teil seines Lebens zur Erlernung gewisser Meditationsmethoden aufwenden. Meditationen unter Anleitung können eine große Hilfe bei der Entwicklung einer vollendeteren Fähigkeit zu meditieren sein.

Es folgt nun die Erläuterung einiger ziemlich schnell erlernbarer Methoden zur Erlangung von Harmonie, die auch für die Selbstheilung nützlich sind:

1. Die Reinigung des Geistes

Für die Reinigung des Geistes, die als eine Voraussetzung für die Heilung oder Selbstheilung gilt, sind keine langwierigen oder komplizierten Verfahren notwendig. Du bist ein spirituelles Wesen in einem physischen Körper, und der Geist ist das Bindeglied zwischen den zweien. Das ist eine Übung, um den Geist »auf einen Punkt« zu richten, auf eine bestimmte Weise zu denken, und sie wird dein ganzes Sein auf die spirituelle Ebene erheben. Sieh dich selbst als einen Körper aus Licht, aus spirituellem Licht. Stelle dir vor, daß das Licht genau durch deinen physischen Körper und über diesen hinausstrahlt. Besitzt du eine rege Vorstellungsgabe, visualisiere dich selbst in einer Kugel aus Licht und atme tief durch. Gleichzeitig dehne dich im Geiste nach oben und nach außen hin aus und verbinde dein eigenes Zentrum mit dem Zentrum des kosmischen Seins im Universum, mit dem Lichtpunkt im Herzen des Absoluten. Der Geist sagt zu sich: »Ich bin jetzt erfüllt von Liebe und Licht. Ich kann überall und zu jeder Zeit vortreten, und ich werde erhalten, was für mich notwendig und richtig ist, um anderen zu helfen. Ich will es, weil es das Richtige für mich ist, richtig, um anderen behilflich zu sein.«

So beginnst du den Geist zu erziehen. Der Geist wird dies erkennen: »Aha, mein spiritueller Meister will, daß ich das mache.« Der Geist ist ständig in Bewegung und sehr sprunghaft. Beschäftigst du ihn nicht mit irgend etwas, findet er etwas, mit dem er sich beschäftigen kann, und er wird sich am physischen Körper zu schaffen machen. Beginne also damit, deinen Geist zu reinigen.

Gehe dann auf eine andere Übung über – Entspannung, Meditation, Yoga, um nur einige der Methoden zu nennen. Der erste Schritt ist der wichtigste. Hast du einmal den ersten Schritt zurückgelegt, wird der Rest ganz natürlich folgen. Das ist ein ganz wichtiger Punkt: Weil du angefangen hast, deinen Geist zu reinigen, wird er das zentrale Ganze deines physischen Seins aktivieren. Menschen werden sich in deine Nähe begeben und dich für sehr dynamisch halten, und das allein schon wird ihnen ein gutes Gefühl vermitteln, ohne daß du mehr dazu beitragen mußt. Du bist aktiviert, weil dein Geist gereinigt ist oder gerade dabei ist, gereinigt zu werden, und die Menschen können das fühlen. Die Heilung ist dann nur noch die Ausweitung dieses Zustands. Du kannst den Menschen zuhören, dir ihr Stöhnen und Seufzen und ihre Schwierigkeiten anhören, und sie werden Heilung erhalten. Gehen sie von dir weg, fühlen sie sich erbaut, und das ist der zentrale Kern der richtigen, wahren Heilung. Dazu brauchst du keine Ausbildung, und du mußt keine Segnungen oder sonstwas austeilen. Es liegt allein in deinem Inneren. Hast du einmal diese Ebene erreicht, kannst du die Heilung auf jede beliebige

Weise anwenden, ganz wie du willst – durch Handauflegen, durch Fernheilung, durch Gebetsheilung oder mit
jeder anderen Methode, die du gerne gebrauchen würdest.

2. Wie man den Zustand der Einheit den ganzen Tag über aufrechterhält

Es gibt eine Methode, die nachts vor dem Einschlafen
anzuwenden ist, mit der du dich selbst so programmieren
kannst, daß du jeden Tag, den du neu und voll bewußt
beginnst, die Aktivitäten und Vorzüge des Tages zur Erhaltung des Heilungszustands benutzen kannst. Visualisiere
vor dem Einschlafen, daß du von weißem Licht umgeben
bist. Sieh dich selbst im Bett liegen mit dem weißen Licht
rings um dich herum, und sage zu dir: »Ich gebe mir selbst
all das, was nötig ist, um die Einheit mit dem gesamten
Leben zu bewahren.« Wenn du sagst: »Ich gebe meinem
Selbst...«, beziehst du dich auf das »Ich«, das die Kontrolle
übernimmt, während du schläfst. Wenn du also sagst: »Ich
gebe mir selbst...«, bereitest du dich vor, deinem Selbst
das zu geben, was für die Einheit des ganzen Lebens notwendig ist. Du könntest auch darum bitten, dich an alles zu
erinnern, was sich während deines Schlafs ereignet. Am
nächsten Morgen beim Aufwachen bittest du um eine
Farbe, und die dir gegebene Farbe benutzt du für deine
Meditation, um alle deine Erfahrungen während der Nacht
zusammenzufassen und sie zu klären.

3. In Harmonie sein fördert die Entwicklung der Psyche

Auch diese Übung ist als Meditation vor dem Einschlafen
von Nutzen und kann dir helfen, dich an deine Träume zu
erinnern. Denke einfach an drei Worte, zum Beispiel an
»Schönheit« (wie die eines Sonnenuntergangs oder einer
Rose), an »Uhr« und an »Liebe«. Stelle dir diese drei Dinge

vor und wiederhole diese drei Worte immer wieder automatisch vor dem Einschlafen. Du wirst nicht nur einige interessante Meditationsideen erhalten, sondern auch einige aufschlußreiche Träume erleben. Schreibe dir am Morgen deine Träume und/oder deine Meditationsideen auf und lege sie beiseite. Führe diese Übung drei oder vier Nächte lang durch, oder auch eine ganze Woche hindurch. Höre dann damit auf und denke eine oder zwei Wochen lang nicht mehr daran. Anschschließend lies dir während einer Meditation durch, was du damals niedergeschrieben hast, was dir einige bemerkenswerte Erkenntnisse in bezug auf deine Psyche und deine Entwicklung eröffnen wird.

Du kannst diese Technik auch während einer Tagesmeditation durchführen, anstatt vor dem Einschlafen, wenn dir das leichter fällt. Es geht dabei folgendes vor sich: Du programmierst dein Unterbewußtsein mit Worten, die dir sehr geläufig sind, und die du täglich verwendest. Diese Worte hatten überhaupt keinen Bezug zu dem, womit sich dein Geist während der Entspannungsübung oder während des Schlafs beschäftigte. Du teilst deinem Unterbewußtsein mit, diese im Auge zu behalten und sie dir in Form von Träumen oder Tagträumen wiederzugeben, und genau das wird es tun. Es sind zwar nur Worte, aber sie sind auch Energie, die in ihr ensteht und früher oder später in irgendeiner Form ausbricht. Es ist sehr interessant zu beobachten, was sich daraus ergibt.

Sobald du mehr Übung in dieser Technik besitzt, kannst du sie für Begriffe benutzen, über die du klare Erkenntnisse gewinnen willst und über die man auf normale Weise nur schwer Wissen erlangen kann. Diese Übung ermöglicht es uns, bestimmte Anschauungen, die in der physischen Welt durch Heilung (Ganzheit) manifestiert werden sollen, aus der Welt der reinen Gedanken (des Urstoffs unseres Seins), von der wir ein Teil sind, hervorzuholen.

Mit dieser Übung kommen wir der Harmonie ein großes Stück näher, ohne die das Mysterium der Heilung und der Ganzheit nicht seinen bewußten Ausdruck im Sein des Heilers finden mag, denn ein unbefriedigender Zustand der Harmonie kann die bewußte Manifestation der Heilung, der Einheit, verhindern. Mit Hilfe dieser Übungen werden wir ein besserer und bewußterer Kanal, durch den Ganzheit und Heilung zum Ausdruck gebracht werden können, um anderen eine Hilfe zu sein.

Diagramm der Emanationen mit planetarischen Zuordnungen und den drei Schleiern der negativen Existenz, den kosmischen Attributen, die der Schöpfung vorausgehen.

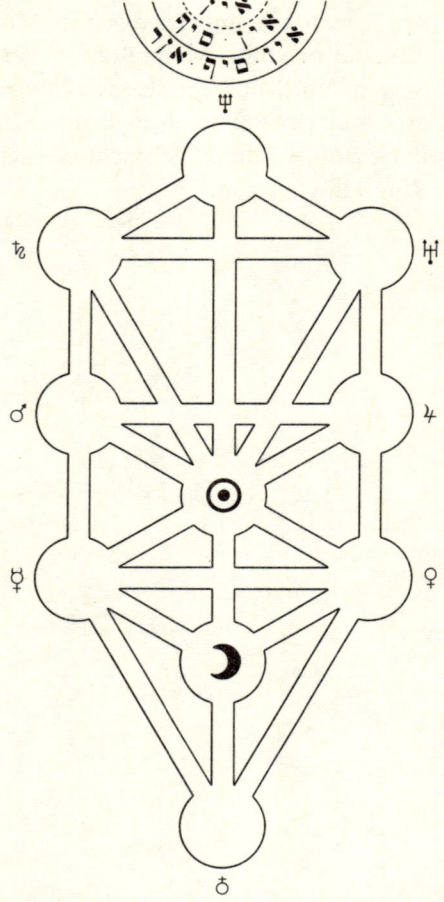

Chokmah wird die Konstellation Uranus/Herschel Ψ zugeordnet, manchmal aber auch der Planet Pluto P. Warum solche unterschiedlichen Zuschreibungen? Es soll hier genügen, zu bemerken, daß die Sephira Chokmah in der manifestierten Welt von Assiah, der Welt der Materie, die erste direkt manifestierte Reflektion der Sephira Kether in Assiah ist. Diese Sephira Kether ist Malkuth von Yetzirah, der Welt der Form, der Ebene der unmanifestierten Schöpfung.

Fünftes Kapitel

Der Baum des Lebens
und die zehn Emanationen

In der Wissenschaft der kabbalistischen Numerologie gibt es drei Urzahlen, die vom und durch das *Nichts* im Raum emanieren. Da die selbstschöpferische Eigenschaft inhärent in der Natur dieses unmanifestierten Zustands der Schöpfung ist, ist das *Nicht-Sein* durch den gewollten Wunsch aus sich selbst heraus projiziert, der unmanifestierte Zustand und das Wesen von sich selbst, das ist der unmanifestierte *Raum, das Werden des unmanifestierten Seins,* oder *das, was gewolltes Sein ist.* Aus diesem Zustand des *unmanifestierten Seins* wurde der erste Punkt von und aus diesem ursprunglosen, selbst-erschaffenen Zentrum des *Seins* geschaffen, der als das *Licht in Ausdehnung* oder als *Lux Tenebris* bezeichnet wird. Es gibt auch noch andere Benennungen dafür, wie zum Beispiel: das Auge von *Parabrahma;* das Auge, das niemals schläft; das Auge im Dreieck; das Licht, das in der Finsternis scheint; das für immer und ewig scheinende Urlicht.

Der erste Punkt ist die perfekte, projizierte Ausdehnung des unmanifestierten, unerschaffenen *Nichts* – 0 –, das jetzt als *eins* – 1 – manifestiert wird, als ein Punkt kosmischen Lichts, ausgedehnt im Raum. Dieser Punkt ist Teil des Wesens seines Schöpfers, des selbst-erschaffenen Ursprungs der ganzen Schöpfung und projiziert nun ein Abbild seiner eigenen Schöpfung – sein Inbild – in den Raum, das zur Zahl *zwei* – 2 – führt. Diese Zahl *zwei* – 2 – hat alle grundlegenden Merkmale ihrer eigenen besonderen archetypischen Ideenbildung, und auch alle Merkmale von Eins, – dem Punkt im Raum, von und durch welchen seine reflektierte Erschaffung manifestiert wurde, und letztlich die Natur seines kreativen Ursprungs, der unmanifestierten, unerschaffenen Absolutheit des Raums, des *Nichts*, 0.

Über Äonen des Raum-Zeit-Kontinuums hinweg wird ein ähnliches Phänomen manifestiert, die letzte Eigenschaft im Fluß der Matrix der Kreativität, nämlich der dritte Punkt, die dritte Urzahl *drei* – 3.

Die Zahlen eins bis drei haben eine numerologische Korrespondenz zu den drei Grundsätzen, die den Kern des westlich-orthodoxen religiösen Glaubens, des theologischen Dogmas und der philosophischen Konzepte bilden.

1. Im Christentum – die ungeteilte Gottheit, der *eine Gott*, die Dreiheiligkeit, die drei Personen in *einem Gott*.

2. Die Dualität der manifestierten Schöpfung, in der Physik positiv und negativ, *Gott* und Satan, Licht und Finsternis. Zwei entgegenwirkende Kräfte in der Natur der materiellen Welt, in der zeitgenössischen Religion der Vater-Mutter-Aspekt des Schöpfers.

3. Die Dreiheiligkeit von Vater, Sohn und Heiligem Geist im Christentum, die drei übernatürlichen Sephiroth des kabbalistischen Lebensbaums, in der kabbalistischen Philosophie der manifestierte Wille des unerschaffenen, unmanifestierten Willens des unerschaffenen, unmanifestierten *Einen*, bekannt als *Arik Akpin*, die Manifestation im Raum *jenes* unmanifestierten Raums, der der numerologischen Eigenschaft von drei entspricht, das eins plus zwei in der regelmäßigen Folge der Schöpfung.

Die Bezeichnungen dieser drei Bereiche im Raum sind erstens *Ain*, das Nichts, zweitens *Ain Soph*, der grenzenlose, unendliche Raum, und drittens *Ain Soph Aur*, das grenzenlose, unendliche Licht. Die Schöpfung umfaßt zwei

Aspekte, zwei Zustände. Der erste Aspekt ist das Unmanifestierte, das *Nichts* – Ideen, abstrakte Gedanken und Wille, wie der Zustand des *Seins*. Der zweite Aspekt bezieht sich auf die Manifestation dieser Ideen von abstrakten Gedanken, die nur dann ausgeführt werden, wenn sie entsprechend durch sich und in sich selbst als Energie manifestiert sind. Diese Energie ist als Licht manifestiert, das die erste Manifestation der Schöpfung ist. Die Schöpfung stellt nicht nur eine erfahrbare Sinneswahrnehmung dar, sondern sie ist ein subjektives/objektives Zusammenspiel von Urenergien, die in einem Zentrum räumlich aktiviert werden.

Von den Zahlen eins bis neun werden kabbalistische numerologische Permutationen abgeleitet. So wird aus dem Nichts *eins* im Raum manifestiert – eine perfekte, projizierte Ausdehnung von sich selbst, die *zwei* wurde, und *zwei* in Verbindung mit *eins* wurde *drei*. Aus diesen drei Emanationen im Raum entwickeln sich alle Manifestationen. Es ist wichtig, sich diesen klassischen Aspekt der kabbalistischen Numerologie vor Augen zu halten, denn darauf wird immer wieder mit dem Begriff der »*drei Übernatürlichen*« Bezug genommen werden.

Die Frage, die sich aus diesem numerologischen Aspekt in der Kabbala ergibt, ist folgende: »Wie kann eins zu zwei werden, wenn es gleichzeitig auch eins bleiben soll, und es (eins) unteilbar ist?« Die Antwort ist, daß wir in unserer linearen Denkungsweise zu dem Schluß kommen, daß im Raum nichts existiert, da sich unsere Entwicklung allein auf die fünf Arten der bewußten Sinneswahrnehmung begrenzt, wobei unsere zwei Bewußtseinsebenen, *Buddhi* und *Atman,* nicht entwickelt sind. Deshalb brauchen wir ein Symbol, das unsere Vorstellung vom Raum, den wir einnehmen, darstellt. Das kann ein Punkt im Raum sein; dieser Punkt faßt in sich jede Eigenschaft seines manifestierten Ursprungs zusammen: zum Beispiel die Energie in dem Punkt, den ein Sonnenstrahl im Raum einnimmt.

Von den uralten Weisheitslehren stammt das Wissen über den Ursprung der Schöpfung und ihrer Evolution. Darin wird erläutert, daß es der Wunsch der kosmischen Ideenbildung war, ein projiziertes Abbild ihrer selbst in Form eines Punkts entstehen zu lassen. Es war ihr Wille, daß ein Punkt all das darstellen soll, was unbekannt, unerschaffen und unmanifestiert ist, *sich selbst,* aber nur in sich und von sich selbst – *Raum* –, der damit die erste Manifestation in der Schöpfung darstellt. Dies ist das verborgene, unerschaffene Selbst des *absoluten Seins* oder des *Seins.* Dieser Punkt wird als der Punkt des Urlichts bezeichnet. In ihm ist das reine Licht von *eins,* das undifferenzierte, unteilbare, selbst-erschaffene Abbild der *Absolutheit,* das in sich alles aus sich Gewollte vereinigt – *sich selbst.*

Wir stellen also fest, daß von dem einen absoluten Ursprung des Seins das gewollte Abbild des positiven Prinzips von sich selbst in den Raum projiziert wird und dabei das Abbild seines negativen Prinzips kreiert, das die erneuernde, androgyne Eigenschaft des Seins empfängt und wieder hervorbringt. Dieses selbsterschaffene, androgyne *eins* projiziert sich selbst mit der Kraft seines gewollten Verlangens in den Raum, und das, was es projiziert, wird *zwei,* ein selbst-erschaffener Strahl der kosmischen Urenergie. Es verbindet sich damit und gibt der Zahl zwei die selbstschöpferische Eigenschaft, die es (das *eins*) besitzt. Zusammen (*eins* und *zwei*) bringen sie *drei* hervor, die dann in der kabbalistischen Terminologie »*die drei Übernatürlichen*« genannt werden. Sie bilden die ersten drei Emanationen aus dem Raum und im Raum: Es sind *Kether, Chokmah* und *Binah* auf dem *Otz Chim* oder Baum des Lebens.

Zur näheren Erklärung dieses Grundelements gewollter Schöpfung im Raum, das auch die Entwicklung der zeugenden Eigenschaft und die Ausdehnung der *drei Übernatürlichen* auf die zehn Sephiroth hin erläutert, ist es von grundlegender Bedeutung, die im folgenden dargestellte Tatsache eingehend zu betrachten.

Am Anfang der Evolution aller Seinsarten in der Schöpfung, bis hinunter zum Homo Sapiens und über ihn hinaus, stand die kosmisch gewollte Ideenbildung als der Urgrund des Raums, und das Verlangen bildete seine Matrix oder seinen Kern. Infolge des ewigen Aufflammens des *Verlangens* wurde die Idee zu sein durch den kosmischen Willen projiziert, von dem ein Abbild seines archetypischen Seins im Raum entstand, symbolisch als ein kosmischer Punkt der Ideenbildung dargestellt.

Durch die gegenseitige Einwirkung dieses Punkts kosmischer Ideenbildung, des Seins, und seines Ursprungs der *Absolutheit Raum* wurde der kreative Fluß kosmischer Urenergie in der Form reinen *kosmischen Lichts* manifestiert, der Matrix des Urgrunds im Stadium der Fortpflanzung, um *zu sein*.

Diese Wesenheit der Fortpflanzung des *Seins* war während der Ausdehnung der »*Übernatürlichen*« bis hin zur zehnten *Sephira* des Lebensbaums vorherrschend. In dieser Phase produzierte der kreative Fluß dieser archetypischen Ideen geistige Bilder, die verschiedene Formen im Raum symbolisierten, die die Eigenschaften der Energie besaßen und denen Namen, Kräfte und Wesensarten zugeordnet wurden.

Weil das Licht die erste Manifestation in der Schöpfung ist, ist die darinliegende Energie jene des Raums, der die Matrix der Fortpflanzung und damit des zeugenden Gedankens ist. Dieser zeugende Gedanke des *Seins* erstreckte sich durch den ganzen Schöpfungsprozeß, um in der Manifestation seiner materiellen Eigenschaft in der Zahl 10 vervollkommnet zu werden, in der zehnten Sephira *Malkuth* auf dem Lebensbaum. Sehen wir zum Beispiel die Dreiheit Vater – Mutter – Kind als eine Manifestation der Schöpferkraft des Absoluten Seins, dann unterlag das Verlangen des Kreativen Willens nach *absolutem Sein* dem zeugenden *Gedanken des Seins,* der die Manifestation der Kreativität ist.

Gedanken sind Energie, und die Energie ist den Ideen, Ebenen und Formen des Universums gemeinsam. Auch das Gesetz des Euklid macht dies deutlich: Dinge, die einem anderen Ding gleich sind, sind auch untereinander gleich. Durch die Wechselwirkung der kreativen Gedankenenergie von Vater und Mutter wird die Manifestation dieser Energie in Form eines Kindes verwirklicht.

Der numerologische Symbolismus läßt erkennen, daß eins und zwei (Vater – Mutter) durch die Allgemeingültigkeit der Energie in Gedanken und Taten den zeugenden Gedanken des *Seins*, das Kind, dargestellt in der Zahl drei, manifest gemacht haben. Dieser gemeinsame Nenner der universellen kreativen Gedankenenergie unterlag jenem der gesamten Schöpfung und, weil der Gedanke eine Manifestation dieser Energie ist, kann er nicht einer bestimmten Person, einer Ebene (Situation) oder einer Gemeinschaft zugeschrieben werden, denn diese Universalenergie ist grenzenlos und undifferenziert.

Nachdem der Gedanke eine Energieeinheit bildet und universell ist, kann davon nicht unterschieden oder getrennt werden, welches nun dein Teil an dieser Gedankenenergie ist, indem du zum Beispiel sagst: »Ich will diesen ›Gedanken‹ nicht«, oder »Ich habe diese Energie nicht ›gedacht‹.«

Im Raum und durch den ganzen Raum hindurch zieht sich die universelle *Einheit* in der Energie, und dieser Urgrund umfaßt die wirkliche, wahre Natur des Raums, der grenzenlos, unbeschreiblich und allgegenwärtig ist, die Matrix des alles erschaffenden Ursprungs des *Seins*. Diese Raummatrix ist die unmanifestierte Ideenbildung des *absoluten Einen*, der Entwurf dessen, was erschaffen wurde, erschaffen ist und sein wird im Raum, die wirkliche, zukünftige und ewige Verkörperung der Schöpfung, das, was in der hinduistischen Philosophie als *Akasha* bezeichnet wird.

In dieser Raummatrix, von ihr und durch sie, emanieren

demzufolge die Zahlen eins bis neun aufgrund der selbst-
schöpferischen Eigenschaft, die in jeder Zahl inhärent ist.
Das Zusammenwirken aller dieser Zahlen manifestiert sich
als Folge des willentlichen Verlangens, Gedankens und der
willentlichen Tat in der Raummatrix der Schöpfung in der
Zahl *zehn,* die die Vollendung von *eins* im Zyklus der
Kreativität und den Beginn eines neuen Zyklus unmanife-
stierter Schöpfung darstellt.

Fassen wir also noch einmal zusammen: Der absolute
Wille, der in der Natur des Raums inhärent ist, bildete die
ganze Schöpfung als *eins* in sich und durch sich selbst ab –
Raum, das *Nichts.* Durch die wechselseitige Einwirkung
der neun Emanationen in und von sich selbst erfolgte die
materielle Schöpfung in der zehnten Emanation im Raum,
in *Malkuth.* Dieser Ablauf vervollständigt die periodische
Funktion in den evolutionären Schöpfungszyklen, *Kreise*
genannt, und führt dann zur kreativen Urmatrix des *absoluten Seins* zurück. Dies läßt sich ausführlich mit der
Anwendung der theosophischen Reduktion in der Numerologie erläutern.

Die Zahl *eins* umfaßt das gewollte Abbild von *zwei* und
drei. Nach der theosophischen Reduktion ergibt sich daraus $1 + 2 + 3 = 6$.

Diese drei »Übernatürlichen«, die nach der theosophischen Reduktion 6 ergeben, wirken aufeinander als eins,
um ein Abbild ihrer selbst in den Zahlen $4 + 5 + 6 = 15 =$
6 zu erzeugen, die also wiederum, der theosophischen
Reduktion zufolge, 6 ergeben. Die 6 der übernatürlichen
Sephiroth wird zur Summe von $4 + 5 + 6 = 15 = 6$
addiert, woraus sich $6 + 6 = 12 = 3$ ergibt. Die Summe
der folgenden drei Zahlen 7, 8, 9 ergibt $24 = 6$, wiederum
nach der theosophischen Reduktion. Addiert man zu dem
Ergebnis nun 3 (die Summe der Zahlen von 1 bis 6 laut
theosophischer Reduktion), erhält man die Zahl 9. Die
Zahl 9 ist in der numerologischen Zuordnung der Kabbala
die Zahl der Vollendung, das Fundament des Königreichs,

das noch nicht manifestiert war und nun in *Malkuth,* der zehnten Sephira, manifestiert wird.

Um die Ebene der unmanifestierten Schöpfung zu vervollständigen, addieren wir in der theosophischen Reduktion die Zahl 9 zur Zahl 10, der zehnten Emanation, wie folgt: $9 + 10 = 19 = 10 = 1$ (wobei 0 eine Ziffer ist, die für nichts steht – der Zustand der »unmanifestierten Schöpfung«).

Diese Eins macht die Vollendung des unmanifestierten Schöpfungszyklus deutlich, der in der absoluten *Einheit* manifestiert ist und zur gleichen Zeit einen regenerativen, zyklischen Rückzug zum *absoluten* Zustand des *Nichts* beginnt. Diese Funktion aktiviert den Ablauf des nächsten periodischen Evolutionszyklus, der der ewige Wille der *Absolutheit,* des *Seins* ist, gefolgt vom Prozeß der Fortpflanzung und unaufhörlich so weiter, ad infinitum.

Wie schon früher im Rahmen der philosophischen Entsprechungen erwähnt, entspricht der Aufbau des Lebensbaums dem menschlichen Körper, und er umfaßt auch seine Beziehung zum unmanifestierten Zustand der Schöpfung, der in der kabbalistischen Kosmogonie als »die drei Schleier der negativen Existenz« umschrieben wird. Diese Schleier trennen die nominelle (innere) Realität vom objektiven (phänomenalen) Kosmos. Die Grundlagen der kabbalistischen Kosmogonie (der Lehre von der Schöpfung des Kosmos) stehen in Zusammenhang mit der Doktrin der Kabbala, die, wie auch andere ursprüngliche esoterische Philosophien, die Theorie eines allgegenwärtigen, ewigen, grenzenlosen und unveränderlichen Prinzips aufstellt, das keine Spekulationen zuläßt. Da es die menschliche Vorstellungskraft übersteigt, wird es allein infolge der begrenzten menschlichen Wahrnehmung durch den Versuch des intellektuellen Ausdrucks eingeschränkt. Es geht über das Denken hinaus, weil es unaussprechbar ist und wegen seiner absoluten Realität allen bedingten manifesten Wesen vorausgeht.

100

Dieser unendliche und ewige Ursprung transzendiert alles und ist der Anfang von allem, was ist und sein wird, ohne selbst einen Anfang zu haben. Es besitzt keinerlei Merkmale und steht in keinem Verhältnis zu irgendeinem manifesten Wesen.

Es gibt viele verschiedene Bezeichnungen dafür. Die Buddhisten nennen es *Sunyata, die Leere;* für die Chinesen ist es das *Tao,* das endliche Eine; die Anhänger des Zarathustra nennen es *Zervan Ankarana,* grenzenlose oder unbegrenzte Zeit; in der westlichen Philosophie ist es als *das Absolute* bekannt und in der Kabbala als *Ain Soph,* das *Unbegrenzte,* das *grenzenlose Nichts.*

Dieses unveränderliche Prinzip wird in zwei Aspekten symbolisch dargestellt: erstens als der absolute, abstrakte Raum, der weder grenzenlose Leere noch geformte Fülle ist, sondern beides; zweitens als die absolute, abstrakte Bewegung oder der *große Atem,* das ungeformte Bewußtsein. Aufgrund des Prinzips oder der ewigen Ursache, des ursprunglosen Ursprungs von allem, wird die Funktion der Schöpfung fortgeführt, und die zwei Aspekte, die damit zusammenhängen, werden in Form von Licht manifestiert, der allerersten Manifestation in der Schöpfung. Die Schöpfung besteht nicht nur aus einer erfahrbaren Sinneswahrnehmung, sondern ist ein subjektives/objektives Zusammenspiel der Urenergien, die räumlich im Zentrum des Kosmos aktiviert sind. Die kabbalistische Kosmogonie spricht von drei Grundlagen für die Urmanifestation des kreativen Prinzips des *Seins:*

1. das Absolute;
2. die regelmäßige Wiederkehr der Manifestationen des Universums;
3. die Identität der menschlichen Seele mit der universellen Seele oder Überseele.

In der chinesischen Philosphie enthält das »Buch vom Weg und seiner Kraft«, das *Tao-te Ching,* geschrieben von dem großen Philosphen Lao-Tse, alle fundamentalen Lehrsätze esoterischer Kosmogenese.

Das unveränderliche Prinzip läßt sich durch einen Kreis symbolisch darstellen, dessen Mittelpunkt überall liegen kann und dessen Umfang nirgendwo festgelegt ist. Graphisch kann man es als weiße Scheibe auf schwarzem Hintergrund veranschaulichen, wobei die weiße Scheibe für den Kosmos steht und der schwarze Hintergrund für die Ewigkeit. Dies ist der unbewußte Zustand des Kosmos, bevor er wieder in der Manifestation erwacht, die die zyklische Wiederkehr der ursprünglichen Manifestation des unmanifestierten, ursprunglosen Ursprungs – *des großen Atems* – ist. Der Kreis kennzeichnet die göttliche Einheit, von der alles ausgeht und in die alles zurückkehrt. Am Lebensbaum entspricht er *Kether,* der ersten manifestierten Sephira in *Atziluth,* der göttlichen oder archetypischen Welt.

Der Umfang des Kreises weist auf die abstrakte, allgegenwärtige, unerfaßbare Gegenwart hin, bekannt als der Makroposopus. Das ist ein kabbalistischer Ausdruck für das weite oder große Gesicht des *ich bin, eine Bezeichnung für Kether,* die Krone und höchste Sephira. Der Umfang beschreibt auch das eine, ewige Leben, das Unsichtbare, das ohne Anfang und ohne Ende ist, periodisch in seinen regelmäßigen Manifestationen, zwischen denen das Mysterium des Nicht-Seins herrscht, das absolutes Sein ist und absolutes Bewußtsein, die eine selbstexistierende Wirklichkeit.

Indem das objektive Universum in den Manifestationen wiedererwacht, zieht sich der Urstoff des *Ain Soph* vom Umfang des Kreises zum Mittelpunkt hin zurück und bildet die drei Schleier der negativen Existenz, die die nominelle (innere) Wirklichkeit vom objektiven Kosmos trennen.

Sechstes Kapitel

Die vier Welten des Otz Chim

Unter all den erprobten und geprüften Systemen, die prak-
tiziert wurden, um die Schlafenden aufzuwecken und zur
Erleuchtung zu führen, läßt sich die kabbalistische Lehre
am leichtesten in die westlichen Traditionen der esoterischen und okkulten Geheimschulen einfügen. Sie beruht
auf den vier Prinzipien der *archetypischen Ideenbildung*
(Ursache), der *Schöpfung* (Wirkung), der *Formation*
(Reproduktion) und der *Manifestation* (Materie und
Aktion). Diese Prinzipien bestimmen die Funktion der zehn
Emanationen, die vom Lichtpunkt im Herzen des Absoluten – dem *Unmanifestierten Raum* – herrühren, der kosmischen Quelle, die der Schöpfung die Erscheinungsform
gibt.

Jede Emanation oder Sephira bildet eine vollständige
Einheit für sich, und jeder einzelnen wird eine Hierarchie
von Wesen, vom Göttlichen bis zu den Elementargeistern,
zugeschrieben, die sie beherrschen. Die Art von Energie,
die sie besitzen, und ihre besonderen Eigenschaften werden
von der Ebene ihres Ursprungs und ihrer Funktion ange-
zeigt. Jede Sephira besitzt einen winzigen Teil der Hauptei-
genschaft, die jeder einzelnen der anderen neun Sephiroth
oder Emanationen zugeordnet ist. Diese zehn Sephiroth
werden in vier Welten oder vier Energieebenen eingeteilt,
wobei jede Ebene eines der vier Prinzipien darstellt. Die
zehn Sephiroth sind den Welten in einer bestimmten Reihenfolge zugeordnet.

Welt	Zugeordnete Sephira	Bedeutung
Atziluth	Kether	Die Krone
	Chockmah	Weisheit
	Binah	Verstehen
Briah	Chesed	Gnade
	Geburah	Strenge
	Tiphareth	Schönheit
Yetzirah	Netzach	Sieg
	Hod	Ehre
	Yesod	Basis
Assiah	Malkuth	Das Königreich

Die Welt von Assiah ist die materielle Welt, der die Sephira Malkuth zugeordnet ist; sie ist die Summe der neun vorhergehenden Sephiroth und beinhaltet alle deren Eigenschaften. Infolge des Evolutionsprozesses der Seele und durch eine Reihe von Inkarnationen über einen Zeitraum von Jahrtausenden hinweg kann die Menschheit durch Anstrengung und harte Arbeit die Erleuchtung erlangen und damit das Eins-sein (die Einheit) mit der gesamten Schöpfung erreichen, was in der kabbalistischen Auffassung der krönende Moment in der Zielsetzung einer Seele ist. Das ist der Augenblick, in dem die Erleuchtung zur Wirklichkeit wird. Dieser Prozeß der geistigen Entwicklung erhöht die Bewußtseinsebene des einzelnen Individuums in einer Weise, daß er seine Verknüpfung mit der gesamten, universellen Struktur des Lebens in Weisheit erkennt und versteht.

Die praktische Verwendung von Farben, Klängen und Visualisierungstechniken in der kabbalistischen Heilungsmethode werde ich noch näher erklären, aber es ist zuerst einmal notwendig, sich Wissen und Verständnis dieser drei

Methoden in Zusammenhang mit dem *Otz Chim* oder Baum des Lebens anzueignen. Jeder Sephira ist eine bestimmte Farbe zugeordnet:

Erste Sephira:	Kether	Weiß
Zweite Sephira:	Chockmah	Grau
Dritte Sephira:	Binah	Schwarz
Vierte Sephira:	Chesed	Blau
Fünfte Sephira:	Geburah	Rot
Sechste Sephira:	Tiphareth	Gold (Gelb)
Siebente Sephira:	Netzach	Grün
Achte Sephira:	Hod	Orange
Neunte Sephira:	Yesod	Violett
Zehnte Sephira:	Malkuth	die vier Farben: Zitronengelb, Olivgrün, Rotbraun, Schwarz

Die Klänge werden dazu benutzt, um die den einzelnen Sephiroth zugeordneten Namen der Kraft in Schwingung zu bringen, während die Visualisierung der disziplinierte Gebrauch der geistigen Vorstellungskraft ist, um Energie von einer Emanationsebene zur anderen zu lenken.

Es ist wichtig festzuhalten, daß die drei Farben, die *Malkuth* zugeschrieben werden, nämlich Zitronengelb, Olivgrün und Rotbraun, aus einer Umwandlung der Farben Grün, Orange und Violett entstanden sind, die der Reihe nach zu den Sephiroth Netzach, Hod und Yesod gehören. Dies weist darauf hin, daß die Beherrschung dieser drei Sephiroth den Zugang zu jenem Abschnitt in der Evolution der Seele bilden, der die vollkommene Beherrschung der elementaren und materiellen Welt bedeutet und der zur Schönheit von *Tiphareth* führt, dem Zentrum, wo die materiellen Begierden zugunsten der spirituellen Erleuchtung geopfert werden.

Diese Erfahrung drückt die Transformation des Wesens von *Malkuth* in die Krone und strahlende Brillanz von

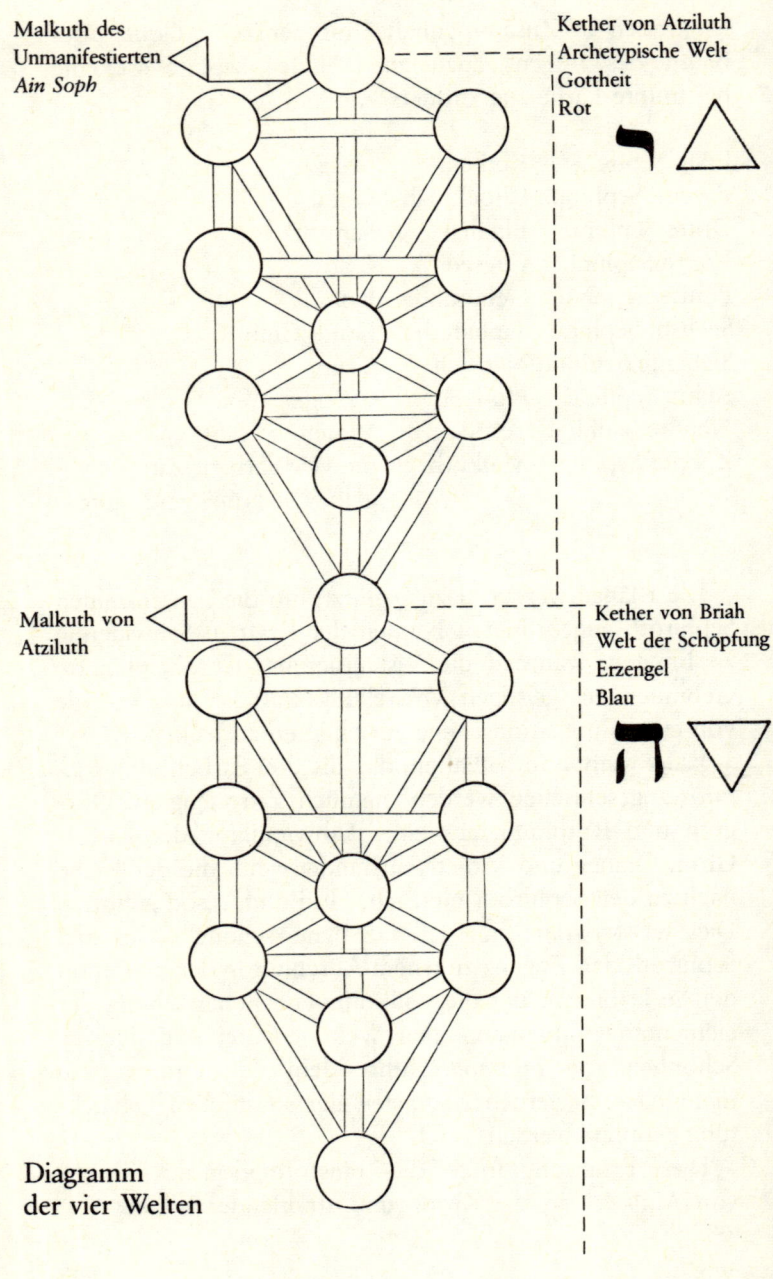

Malkuth des
Unmanifestierten
Ain Soph

Kether von Atziluth
Archetypische Welt
Gottheit
Rot

Malkuth von
Atziluth

Kether von Briah
Welt der Schöpfung
Erzengel
Blau

Diagramm
der vier Welten

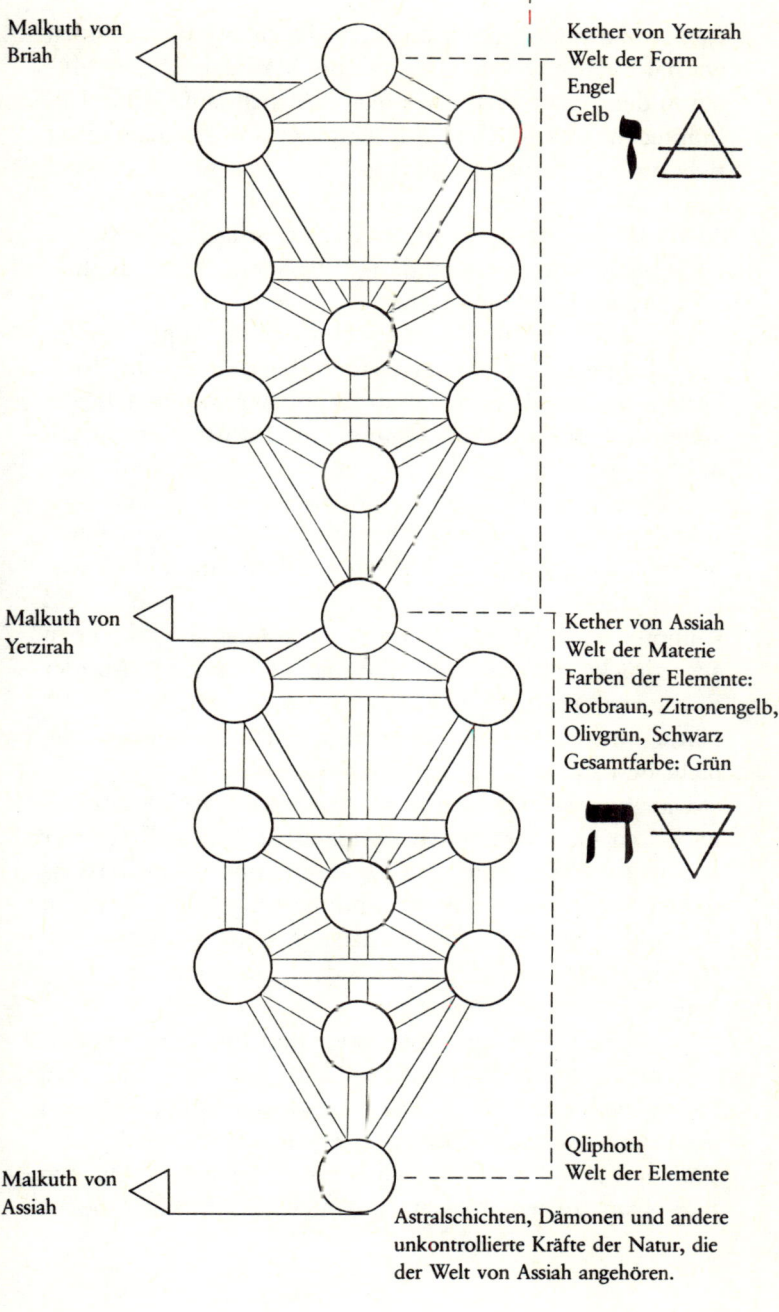

Malkuth von
Briah

Kether von Yetzirah
Welt der Form
Engel
Gelb

Malkuth von
Yetzirah

Kether von Assiah
Welt der Materie
Farben der Elemente:
Rotbraun, Zitronengelb,
Olivgrün, Schwarz
Gesamtfarbe: Grün

Qliphoth
Welt der Elemente

Malkuth von
Assiah

Astralschichten, Dämonen und andere
unkontrollierte Kräfte der Natur, die
der Welt von Assiah angehören.

Kether hinein aus. In der Bibel im Neuen Testament finden wir dafür das passende Gleichnis bei Matthäus 25; 6: »Mitten in der Nacht aber hörte man plötzlich laute Rufe: Der Bräutigam kommt! Geht ihm entgegen.« Dabei handelt es sich um die Verschmelzung (Heirat) der fünf Elemente Feuer, Wasser, Luft, Erde und Äther in der Materie – *Malkuth*. Das fünfte Element Äther verkörpert die spirituelle Energie, die aktivierende und lenkende Kraft, die hinter jeder Manifestation steht.

Die Heirat der fünf Elemente, denen die fünf Sinne in der Materie zugeschrieben werden, bezieht sich auf Malkuth – die Braut – die zehnte Sephira. *Malkuth* faßt die anderen neun Sephiroth zusammen und wartet darauf, daß der Bräutigam, die Quelle des ewigen Lichts des spirituellen Bewußtseins, seine Braut fordert. Die zehn Jungfrauen (die zehn Sephiroth) symbolisieren die Braut, fünf von ihnen waren töricht, denn sie lebten in der Finsternis und Unwissenheit des unentwickelten, unvorbereiteten, faulen und stumpfen Geistes, was durch den Zustand ihrer Lampen ausgedrückt wird: sie sind schmutzig und ohne Öl. Auf der Ebene, auf der sich ihr Geist befand, waren sie sich der Natur ihres Erbes, der spirituellen Erleuchtung der Seele, nicht bewußt.

Die anderen fünf Jungfrauen waren klug, mit ihrem entwickelten Geist erkannten sie ihr erleuchtetes Wesen der Weisheit und der Erkenntnis, und aufgrund dieses Wissens waren sie mit ihren sauberen und mit Öl gefüllten Lampen – dem Geist – bereit. Dieses Gleichnis spielt auf das spirituell erleuchtete Bewußtsein an – dem Bräutigam zu begegnen, dem bewußten Selbst.

Die zehn Jungfrauen, fünf kluge und fünf törichte, entsprechen den zehn Sephiroth als dem ganzen Sein, das sich in *Malkuth* manifestiert. Die fünf klugen Jungfrauen sind jene, die wach und sich ihres erleuchteten Wesens bewußt sind und auf diese Weise vorbereitet darauf warten, den Bräutigam zu empfangen, um sich des eigenen Selbst bewußt zu werden. Die fünf törichten Jungfrauen, die schlafen und nicht bewußt sind, werden so lange nicht eingelassen, bis sie durch Anstrengung und Leid aufgerüttelt werden, das Erbe ihres erleuchteten Seins zu entdecken und sich dessen zu erfreuen.

Bleiben wir noch kurz bei der biblischen Parabel von den zehn Jungfrauen, die wir in Verbindung mit den zehn Sephiroth gebracht haben, dann symbolisiert Malkuth die Braut und Kether den Bräutigam. Den dazwischenliegenden acht Sephiroth werden die vier Elemente zugeordnet. Die Interpretation dieser Verschmelzung oder Heirat deutet auch auf die Wechselwirkung der fünf Elemente hin, in die der Äther als die lenkende Kraft jeder Manifestation des Universums miteinbezogen ist. In diesem Zusammenhang repräsentiert Kether die spirituelle Eigenschaft; Malkuth besitzt die materielle oder grobstoffliche Eigenschaft.

Die Interpretation dieses Symbolismus bezieht sich einerseits auf die acht Sephiroth in ihrem unmanifestierten Zustand, und andererseits auf die vier Welten des *Otz Chim*. Dieser symbolisiert die kreative Matrix des materiellen Universums und damit die Manifestationen des unsichtbaren Vaters der Sonne.

Die vier Welten des Lebensbaumes bringen die vier grundlegenden Prinzipien zum Ausdruck, die den Lauf der Schöpfung von Kether zu Malkuth bestimmen, denn dieser Prozeß bedeutet die Vollendung des kreativen Zyklus' der Involution der universellen Seele in die Materie. Damit beginnt der Evolutionszyklus der individuellen Seele zurück zu ihrem Ursprung in der Schöpfung, erleuchtet durch das Wissen ihrer materiellen Existenz, das in der spirituellen Tiefe des Seins eingeprägt ist.

Die Hebräer übernahmen die Lehre der Sephiroth oder die Doktrin der numerischen Emanationen von den chaldäischen und babylonischen Weisen während ihrer circa 500 Jahre dauernden Gefangenschaft zwischen der Zerstörung des ersten Salomonischen Tempels und der Errichtung des zweiten Tempels. Die Emanationen werden auch im Zendawesta erwähnt, den heiligen Schriften der Anhänger des Zarathustra – der Sonnen- und Feueranbeter, wie sie fälschlicherweise genannt werden. Dort heißen sie *Amescha spentas,* die Erbauer oder Architekten des sichtbaren Kosmos.

Die große und unvergleichliche, aber oft verleumdete Madame Helena Petrowna Blavatsky, Autorin von drei der bedeutendsten literarischen Werke der theosophischen Philosophie, nämlich *Die entschleierte Isis, Die Geheimlehre* und *Schlüssel zur Theosophie,* vertritt die Meinung, daß der Ursprung der hebräischen kabbalistischen Werke im chaldäischen Buch der Zahlen zu finden ist, von dem nur mehr zwei oder drei Exemplare in den Archiven von Geheimorden im Fernen Osten verwahrt werden.

Die Doktrin der numerischen Emanationen finden wir nicht nur in der chaldäischen und babylonischen Kosmogenese, sondern man kann sie auch mit den Göttern der Ägypter in Verbindung bringen, mit den aktiven Ursachen der Stoiker, mit den Daimans der Griechen und mit der platonischen Ideenlehre. Um die Universalität dieser Ideenlehre noch deutlicher hervorzuheben, muß man ihren Ursprung kennen. Der griechische Philosoph Platon, dessen Schriften auf der ganzen Welt bekannt sind, war ein Eingeweihter in die uralten Mysterien, Schüler von Sokrates und Lehrer von Aristoteles, und er war der Wegbereiter der Ideenlehre, die eines der Grundprinzipien in der Universalität der Emanationslehre bildet. Aus diesem Konzept heraus entstand die »Platonische Schule« oder »Alte Akademie« zum Unterschied zur späteren »Neuplatonischen Schule von Alexandria«, über die im *Theosophischen Glossar* von H. P. Blavatsky folgendes gesagt wird:

»*Plotinos.* Der Edelste, Bedeutendste und Größte von all den Neuplatonikern nach Ammonius Sakkas, dem Gründer der Schule. Er war der Eifrigste unter den Philalethen oder »Liebhabern der Wahrheit«, deren Ziel es war, eine

Religion auf dem System der »intellektuellen Abstraktion«
zu gründen, was wahre Theosophie oder die umfassende
Bedeutung des Neuplatonismus ist. Glauben wir den Aus-
führungen des Porphyrios, dann gab Plotinos niemals seinen Geburtsort, seine Familienbeziehungen, sein
Ursprungsland oder seine Abstammung... preis. Ein Bio-
graph berichtete: »Als er starb, glitt ein Drachen (oder eine
Schlange), der unter seinem Bett lag, durch ein Loch in der
Wand und verschwand« – für die Schüler des Symbolismus
ein bedeutungsvolles Ereignis. Er vertrat eine Lehre, die mit
dem Vedanta identisch ist, nämlich, daß die Geist-Seele aus
dem einen göttlichen Prinzip hervorgegangen war und sich
nach ihrer Wanderung wieder mit dem Einen vereint.

Die Lehre des Vedanta, wie sie Plotinos lehrte, hat in
ihren Konzepten und Prinzipien eine grundsätzliche Ähn-
lichkeit mit der kabbalistischen Philosophie der *Einheit*
und *Absolutheit,* was auf die Übereinstimmung ihrer
ursprünglichen Ideen und der Quellen ihrer Lehren hindeu-
tet. »In Eins ist alles und in allem ist das Eine.«

An diesem Punkt ist es wichtig zu unterstreichen, daß die
Neuplatoniker mit dem Begriff »Idee« keine intellektuellen
Vorstellungen bezeichneten, sondern nominelle Wirklich-
keiten und das spezielle Wesen von Dingen. »Ideen« um-
faßten für sie lebendige Wesenheiten; die differenzierten
Persönlichkeiten waren nichts anderes als ihre äußere
Erscheinung.

Die Zuordnung der Sephiroth zu den vier Welten drückt
die dort vorherrschenden Eigenschaften aus, die die hierarchische Funktion innerhalb dieser Welten charakterisiert.

Um die neuplatonische Lehre der »Ideen« besser zu verstehen, sollte man wissen, daß das Wort Sephira vom
hebräischen *Sephir* (in der Einzahl)

Resch   Pe   Samek

stammt und Zahl oder Buch oder das Blatt eines Buchs
bedeutet. Demzufolge werden die Sephiroth manchmal
auch die Blätter des Lebensbaums genannt.

Die Mehrzahl Sephiroth bedeutet Erzählung oder
Geschichte. *Sephiroth*

ת   ו   ר   פ   ס

Tau Vau Resch Pe Samek

Einige Autoren sind der Meinung, daß das Wort Sephiroth
vom griechischen *Sephira* c f a i r a i (o o a i p a i) abgeleitet
ist und Sphären bedeutet.

Es gab auch noch andere scholastische Auslegungen und
wissenschaftliche Untersuchungen zu diesen alten Mysterien, denn andere Schüler vertreten die Ansicht, daß das
Wort Sephira vom hebräischen Saphir stammt

ר   י   פ   ס

Resch Jod Pe Samek

oder von Saphir (nicht der blaue Saphir, sondern mehr ein
opaleszierender Stein oder eine Perle, in der sich alle Farben wie in einem Regenbogen widerspiegeln).

Daher vergleicht man die Sephiroth manchmal mit Perlen, die den Glanz des strahlenden Spiegels *Ain Soph Aur*
reflektieren.

Der *Sohar*, »Das Buch des Glanzes«, ist im Grunde
genommen eine Zusammenfassung der kabbalistischen
Theosophie. Die Gelehrten halten ihn, zusammen mit dem
Sepher Yetzirah – dem Buch der Schöpfung – für die älteste existierende Abhandlung über hebräische esoterisch-
religiöse Doktrinen. Der Sohar beruft sich mit großem
Nachdruck auf die Lehre vom übernatürlichen Licht. Die
Sephiroth werden mit farbigen, durchsichtigen Glasschalen
verglichen, die mit reinem Licht gefüllt sind, das natürlich

die Farbe des Behälters annimmt, auch wenn sich seine Natur im wesentlichen niemals ändert oder veränderbar ist.

Nachdem ich nun den Hintergrund der Sephiroth und ihre Beziehung zur kreativen Funktion im objektiven Universum erläutert habe, folgt eine im einzelnen dargelegte Interpretation ihrer Einordnung in die vier Welten und ihre Beziehung zu diesen.

Durch die numerischen Emanationen werden die Sephiroth in eine hierarchische Ordnung gebracht, und die unerfaßbare Gottheit manifestiert sich im objektiven Kosmos. Am einen Ende finden wir also das Absolute – *Ain Soph* – und am entgegengesetzten Ende das manifestierte Universum, das endlich, vergänglich und unvollkommen ist.

Die Sephiroth sind die dazwischenliegenden Ursachen, die die Kluft überbrücken. Diese aufeinanderfolgenden Emanationen gehen vom Stadium der absoluten Subjektivität zum objektiven Kosmos und umfassen die folgenden vier Welten. Die erste Welt ist *Atziluth He Olam*

ה · ל י צ א ה מ א ל ו

He Vau Lamed Jod Tzaddi Aleph He Mem Aleph Lamed Vau

Olam bedeutet »Königreich, Welt« oder auch einen bestimmten Zeitabschnitt, entspricht den Äonen der Griechen. *Die Welt von Atziluth* wird als »das große heilige Siegel« bezeichnet, weil alle anderen Welten eine Abbildung davon sind. Sie ist der Sitz des archetypischen, himmlischen Menschen mit dem Namen *Adam Kadmon.* Dieser *Himmlische Mensch* wird auch Abbild oder Protogonos genannt, der griechische Ausdruck für den »Erstgeborenen«. Dies ist auch die Bezeichnung für alle manifestierten Götter und für die Sonne in unserem Sonnensystem.

Die archetypische Welt entspricht dem *Jod* des Tetragrammatons und dem Element Feuer △. Tetragrammaton ist das griechische Wort für den Namen Gottes, der sich aus vier Buchstaben zusammensetzt. Die vier Buchstaben sind in der hebräischen Schrift

ה ו ה י

Jod   He   Vau   He,

oder in Deutsch J H V H. Wegen seiner alten und traditionellen Herkunft ist die wahre ursprüngliche Aussprache unbekannt. Den strenggläubigen Hebräern war der Name zu heilig, um ihn auszusprechen, und so wurde er beim Lesen der heiligen Schriften durch den Namen *Adonai* ersetzt:

י   נ   ד   א

Jod   Nun   Daleth   Aleph

Für die Anwendung von Namen in der Praxis gibt es Entsprechungen, die an Stelle der hebräischen Laute benutzt werden können. Das jedoch ist Teil des modernen Gebrauchs der kabbalistischen Disziplinen, und es gibt eine Menge von Büchern, die dem Schüler weitreichende Möglichkeiten bieten, sich Wissen auf diesem Gebiet der Metaphysik anzueignen.

Der Gebrauch von Namen – Klang – dient in jedem Ritual zur Aktivierung, Harmonisierung und Kontrolle der Art von Energie, mit der der Ausführende arbeitet, damit die Bemühungen erfolgreich verlaufen. Zu jeder Welt gehört eine Reihe von Wesen, Geschöpfen, Geistern und Dienern, um den Willen des *Absoluten* zu erfüllen. Das sind unter anderem Gottheiten, Kosmokraten, kosmische Götter, Erzengel, Engel, Beherrscher, Elementale.

Nachdem dieses Buch nur den entsprechenden Gebrauch der grundlegenden kabbalistischen Disziplinen und Praktiken in bezug auf die Heilung behandelt, führe ich auch nur jene Namen in ihrer Zuordnung zu den vier Welten an, die zu diesem Zweck notwendig sind.

Der Welt von Atziluth, die den Plan oder die Ideenbildung der Schöpfung darstellt, sind die Gottheit und andere Wesen in der hierarchischen Struktur der kreativen Funktion der kosmischen Seinsordnung zugeordnet. Diese bestimmen alle Abläufe in der Sphäre der Schöpfung. Es ist wichtig, diese Namen zu kennen und sie auswendig zu lernen, damit sie intoniert und ihre Vibrationen in der Praxis der kabbalistischen Heilung oder in der Meditation innerhalb der Sphäre der Empfindung oder des aurischen Lichtkörpers integriert werden können. Das ist die Welt, in der sich die alten Götter manifestierten, um die Ideen des unmanifestierten Kosmos auszudrücken.

Die zweite Welt der Emanationen trägt den Namen *Briah,* was *Schöpfung* bedeutet. Sie ist der Sitz der reinen Geister und Erzengel, die das sichtbare Universum bestimmen.

Die Aufgabe dieser selbsterschaffenen Wesen dient einem ganz bestimmten Zweck, und jedes Wesen ist verpflichtet, die spezielle Aufgabe zu erfüllen, für die es erschaffen wurde. Sie interpretieren den Plan der Ideenbildung, der das gewollte Verlangen des Demiurgen ist, des Erbauers oder der übernatürlichen Kraft, des Baumeisters des manifestierten Universums. Die Welt von Briah wird auch *Korsiah* (der Thron) genannt. Die Aufgabe in dieser Sphäre ist ausdrücklich die Aufrechterhaltung der Harmonie und der Einheit der Himmelssphären, Planeten und himmlischen Körper und entspricht dem

HE

des Tetragrammatons und dem Element *Wasser* ▽.

Die dritte Welt ist *Yetzirah, die Welt der Formen.* Sie entspricht dem Buchstaben

ו

VAU

des Tetragrammatons. Es ist die Welt der Formen und der Sitz der Engel, Intelligenzen und Genien der Planeten, Sterne und Konstellationen.

Die nicht körperlichen Wesen oder Geschöpfe sind in der zeremoniellen Magie oder Theurgie von großer Bedeutung, die der Vereinigung mit den himmlischen Hierarchien und der Anrufung der Intelligenzen und Geister der Planeten gewidmet ist.

Für diejenigen, die mit dem wahren und ursprünglichen Wissen der Praxis der theurgischen Wissenschaft dieser göttlichen Kunst der Magie nicht vertraut sind, möchte ich folgendes bemerken. Seit Anbeginn der Ära, in der der Mensch begann, sich auf das erleuchtete Erwachen der Seele in der Materie hinzuentwickeln, hin zur Erfüllung des Zwecks seines Daseins, existierte immer diese feine Verbindung der göttlichen Kommunikation durch alle Stufen des Seins hindurch, erkannt und unerkannt, sichtbar und unsichtbar, ein Faden zwischen der Gottheit in der Absolutheit und jener in der sich fortentwickelnden Menschheit.

Dieser Faden ist niemals durchtrennt worden und wird es auch nie werden, sondern er wird immer die Bemühungen einzelner verbinden, sich zur bewußten Erleuchtung ihres wahren Selbst, dem ewig Göttlichen im Sein, hinzuentwickeln.

Das Erreichen dieses Zustands ist das unabänderliche Schicksal des einzelnen, und nur durch das Wissen von der Natur des höheren Selbst kann eine bewußte Kommunikation mit Hilfe der vermittelnden Hierarchie von Wesen aufgebaut und erhalten werden. Der Beweggrund, der altruistisch sein sollte, ein selbstloser Dienst an der Menschheit, der aus dem kleinen »ich« des Körpers einen

116

Diener des universellen höheren Selbst macht, ist das Kriterium für den Erfolg. Nur auf diese Art und Weise kann die verbrauchte, uralte, theurgische Kunst echter zweihändiger Magie ihre Göttlichkeit manifestieren.

Außerdem sind die Geschöpfe und Wesen in der Welt von Yetzirah bei der Herstellung von Talismanen sehr wichtig, und all jene, die Magier werden wollen, sollten daher mit ihren Namen, Charakteristiken und ihrem Symbolismus eingehend vertraut sein, um mit ihnen Verbindung aufnehmen zu können.

Die vierte Welt ist *Assiah*. Der Name Asien stammt von diesem Wort ab. Es ist die Welt der dichten Materie der vier grobstofflichen Elemente. Sie ist der Sitz des Erzengels Samael, des Fürsten der Finsternis, und trägt die Bezeichnung »Die Räder«. Sie entspricht dem

HE

(am Ende) des Tetragrammatons und dem Element *Erde* Die Räder symbolisieren das »Primum Mobile«, was soviel bedeutet wie »die erste Bewegung« der Schöpfung in der Welt der Materie, die von den Mitregenten der vier Elemente ausgelöst wurde, von den vier Cherubim oder heiligen Wesen. Dies wurde durch Räder dargestellt, den ältesten, bekannten Symbolen für die uralten Mysterien.

Jede Welt besitzt ihren eigenen Lebensbaum, bestehend aus den zehn Sephiroth. Es gibt demnach also vier Bäume, zusammengesetzt aus insgesamt vierzig Sephiroth (Abbildung Seite 106/107). Manche Gelehrte sind der Auffassung, daß Malkuth der höheren Welt zu Kether in der unteren Welt wird.

Die vier sephirothischen Welten mit ihrem jeweiligen eigenen Lebensbaum unterhalten untereinander eine holistische Verbindung, damit wird Malkuth von Atziluth Kether von Briah; Malkuth von Briah wird Kether von Yetzirah; Malkuth von Yetzirah wird Kether von Assiah. Zusätzlich enthält jede Sephira in sich insgesamt eine Anzahl von vierhundert Sephiroth in jeder Welt. Diese werden der »Garten der Granatäpfel« oder der »Garten der Hesperiden« (die goldenen Äpfel) genannt.

Der letzte Buchstabe des hebräischen Alphabets ist TAU, mit einem Zahlenwert von vierhundert; jeder Lebensbaum kann in vier Welten unterteilt werden, von denen jede einen Zahlenwert von 400 besitzt.

Siebentes Kapitel

Der kabbalistische Weg zur Heilung

Philosophische Grundlagen

Der kabbalistische Weg zur Heilung (Ganzheit) besteht aus einer Meditationstechnik, verbunden mit disziplinierter Übung. Bei regelmäßiger und richtiger Anwendung läßt diese Methode erkennen, wie wertvoll das Wissen und die Kenntnisse der alten Weisheitslehren zur Erlangung der universellen Einheit und Erleuchtung der Seele sind. Das ist das Ziel des kabbalistischen Heilwegs. Die Weisheitslehren betonen folgendes: »Die Möglichkeit zur Erleuchtung ist allen inhärent, aber wegen der Dualität der menschlichen Wahrnehmung – zum Beispiel in der Form von groß und klein, negativ und positiv, auf und ab, heiß und kalt, Liebe und Haß – wird der Geist durch die Illusion der Sinne eingeschränkt, wir sind nicht fähig, unser wahres Selbst zu erkennen und bleiben daher in Unwissenheit (Finsternis).« Vom Wesen her unterscheidet sich ein erleuchteter Mensch nicht von einem unwissenden; der einzige Unterschied besteht darin, daß der eine den inhärenten Zustand der Erleuchtung erkennt, während der andere sich dessen nicht bewußt ist.

Vom philosophischen Gesichtspunkt aus betrachtet haben die schlafende und die erleuchtete Seele etwas gemeinsam, nämlich das Bewußtsein, das ein Produkt aus Geist und Denken ist, die durch den Sinnesorganismus der individuellen Seele aufeinander einwirken. Der kabbalistische Heilweg dient dazu, die schlafende Seele behutsam aufzuwecken, damit sie ihre wahren Möglichkeiten und ihr erleuchtetes Wesen erkennt und in der Folge die Fesseln der Illusion durchbricht, die den niederen Geist des sich fortentwickelnden Wesens trüben.

Heilung bedeutet Ganzheit, und der kabbalistische Weg zur Ganzheit (Einheit) ist wie ein Faden des Bewußtseins, der sich durch die Krümmungen und Windungen der tiefsten Tiefen des menschlichen Unterbewußtseins zieht. Die älteste bekannte Methode zur Erhaltung der Ursprünglichkeit der alten Weisheitslehren war die Weitergabe des Wissens von Person zu Person – von Mund zu Ohr –, um auf diese Art den Geist und das Herz von Schülern zu prägen, die dann zur gegebenen Zeit in die Mysterien eingeweiht wurden. Die angewandten Techniken und philosophischen Lehren, bekannt unter dem Begriff der uralten Weisheitslehren – »Wie oben, so unten« –, wurden also überliefert und für den zukünftigen Gebrauch des Menschen erhalten.

Die alten Weisheitslehren wurden all die Jahrhunderte hindurch in verschiedenster Form und Gestalt, in unterschiedlichen Religionen und Schriften bewahrt, wobei die kabbalistische Philosophie und ihre Praktiken mit dem westlichen System des Seelenwachstums hin zur Erleuchtung (Gottheit) gut vereinbar sind. Sie erfordern zielgerichtete Absicht und Disziplin, zusammen mit einer regen Vorstellungskraft, die gemeinsam der Schlüssel zu dieser unbezahlbaren Erfahrung sind. Der physische Körper ist das Vehikel, das die ständig im gesamten Universum pulsierende Energie registriert. Die Sinne bilden das empfangende Medium des Unterbewußtseins. Der Geist dient als auslösende Einheit zur Lenkung des Energieflusses. Die alten Weisheitslehren und deren okkulte Wissenschaften halten deshalb an dem Grundsatz: »Wie oben, so unten«, fest, damit wir unseren Geist zur Visualisierung und Lenkung der universellen Energie benutzen müssen. Dazu können wir die Farbe und den Klang anwenden. Diese Energie ist überall vorhanden und wird in besonderer Weise für bestimmte Zwecke und Ergebnisse gebraucht.

Zur bildlichen Darstellung des Satzes »Wie oben, so unten« dient eine Glyphe, die die Wanderung der Seele vom Licht in die Dunkelheit und wieder zurück zum Licht symbolisiert: der Baum des Lebens oder *Otz Chim*. Er umfaßt zehn farbige Kreise, die auf drei Säulen angeordnet sind, zwei Säulen mit jeweils drei Kreisen und einer mittleren Säule, bestehend aus vier Kreisen (Farbabbildung Seite 132). Die zehn Emanationen (oder Sephiroth) entspringen der einen ewigen Quelle des Seins, die aufgrund ihrer eigenen Natur von und durch sich selbst die drei unmanifestierten Punkte der Schöpfung hervorbringt, die in der kabbalistischen Terminologie als *Ain (Nichts), Ain Soph* (grenzenloses Licht) und *Ain Soph Aur* (von Licht durchdrungener, unbegrenzter Raum) bezeichnet werden. Das Ziel des kabbalistischen Heilwegs ist die Aktivierung des grenzenlosen Lichts im Zentrum unseres Wesens und die Durchdringung der nicht erleuchteten Bereiche unseres Unbewußtseins, das innerhalb der Grenzen unseres noch unentwickelten Geistes gefangen ist, mit dem Licht, das unserer Ebene der Existenz entspricht. Dieser Vorgang betrifft auch andere sich entwickelnde Teile der Schöpfung und andere Existenzebenen.

Der kabbalistische Heilweg ist die Einheit von allem, was war, ist und sein wird. Das Verhältnis zwischen der sich entwickelnden Seele und dem höheren Selbst, das bereits Erleuchtung erlangt hat, ist ein Hinweis auf die Ebene, die die Seele in ihrer Weiterentwicklung durch ihre Inkarnation in der Materie erreicht hat. Dieses Werdensstadium ist ein Maßstab für unsere Bemühungen, unser Verhalten in diesem Leben in Harmonie zu bringen, damit wir im Verlauf der Evolution früher oder später vollkommene Erleuchtung erlangen, somit den Zweck unserer Involution erfüllen und das Ego auf diese Art aus dem sich dauernd wiederholenden Kreislauf der Wiedergeburt befreien. Diese Philosophie kann in der Praxis unter Beweis gestellt werden, was auch seit undenklichen Zeiten gemacht wurde. Vor-atlantische Zivilisationen hinterließen dafür vor circa 25 000 Jahren ausreichende Beweise und zeichneten sie für die Nachwelt auf.

Die Philosophie dieser blühenden Zivilisationen besteht jetzt nur noch aus einer dunklen Erinnerung in den Überresten jenes entwickelten Teils des menschlichen und subhumanen Bewußtseins.

Die Anwendung der kabbalistischen Heilungstechnik erfordert den Gebrauch von Klang und Visualisierung, und man muß wissen, wie sich die Bereiche der Körpers auf den Lebensbaum beziehen. Mit anderen Worten, man legt einen überdimensionalen Lebensbaum auf die Gestalt eines menschlichen Körpers. Bevor du diese Methode anwendest, ist es notwendig, daß du dich durch Meditation vorbereitest und daß du die Namen, Hierarchie und Funktion der Wesenheiten kennst, die die vier Welten beherrschen.

Um die wichtigsten Aspekte einer jeden Sephira verstehen zu können, ist es wichtig, sich an die folgenden Zuordnungen jeder einzelnen zu erinnern:

1. Göttliche Namen. Diese sind in vier Gruppen eingeteilt, die den vier Welten der Kabbala entsprechen:
   a) Namen Gottes, die zur archetypischen Welt von *Atziluth* gehören;
   b) der Name des Erzengels der Sephira, der sich auf die Welt der Schöpfung – *Briah* – bezieht;
   c) der Name der Engel oder der Engelschar der Sephira. Diese gehören zur Welt der Formation – *Yetzirah*;
   d) der Name des Himmelskörpers oder der Sphäre, durch die sich die Sephira auf der physischen Ebene in der Welt von *Assiah* manifestiert, in der materiellen Welt, die alle Produkte der anderen neun Sephiroth umfaßt.

Es gibt noch andere wichtige Zuordnungen, die mit den vier Welten zusammenhängen, die ich hier für diejenigen kurz erwähnen möchte, die ihr Wissen auf diesem Gebiet vertiefen wollen. Es sind dies:

2. die Götter verschiedener Pantheone, wie zum Beispiel die ägyptischen, chaldäischen, griechischen oder römischen;
3. symbolische Tiere, Pflanzen, Edelsteine und Duftstoffe;
4. geometrische Figuren;
5. magische Bilder;
6. mystische Zahlen;
7. magische Waffen oder Werkzeuge.

Um jene Bereiche des Körpers zu finden, die dem Lebensbaum zugeordnet sind, betrachte das Diagramm des Baums wie eine Gestalt, der du gegenüberstehst. Visualisiere es also spiegelverkehrt, das heißt, die rechte Seite des Diagramms – das ist die Säule der Strenge – entspricht deiner linken Seite. In deiner eigenen Empfindungssphäre oder Aura solltest du es umgekehrt visualisieren, oder in anderen Worten dann, wenn der Baum des Lebens auf *deinen* Körper aufgelegt wird (Abbildung Seite 132).

Das folgende Schema zeigt dir, welcher Bereich des menschlichen Körpers jeder einzelnen Sephira zugeordnet ist:

Kether   oberhalb des Kopfes – am Scheitel
                          כתר

Chokmah   linke Schläfe הכמה

Binah   rechte Schläfe בינה

Chesed oder   linke Schulter הסד
Gedulah

123

Geburah	rechte Schulter גבורה
Tiphareth	Brust und Herzbereich תפארת
Netzach	linke Hüfte נצח
Hod	rechte Hüfte הוד
Yesod	Bereich der Geschlechtsorgane יסוד
Malkuth	Knöchel und Bereich unterhalb der Füße מלכות

Für die Meditationsübungen, die zur Vorbereitung für die Heilung dienen, führe ich nur die göttlichen Namen in der Reihenfolge an, wie sie den einzelnen Sephiroth zugeordnet sind. Die Namen der Erzengel, der Engelscharen und der Wesen der irdischen Sphäre in ihrer Entsprechung zu den Sephiroth werden nicht genannt, weil sie für diese Art der Vorbereitung nicht erforderlich sind.

Die Namen mit ihren phonetischen Umschreibungen werden in der Tabelle auf Seite 125 aufgeführt. Eine weitere Tabelle (Seite 126/127) enthält die Hierarchie der Wesenheiten, die die vier Welten Atziluth, Briah, Yetzirah und Assiah beherrschen.

Damit diese Diagramme für die Heilung verwendet werden können, muß dein Arbeitsbereich für die Meditation vorbereitet werden. Zu diesem Zweck wird zuerst das Kleine Bannritual des Pentragramms (siehe Seite 154) ausgeführt; darauf folgt die Meditation mit dem Lebensbaum, und anschließend wendest du die von dir gewünschte Heilungsmethode an, zum Beispiel die Kontaktheilung, die Farben- oder Fernheilung und ähnliches.

Sephira	Gottesname	Phonetische Umschreibung
Kether	Eheieh	eh-he-ieh
Chokmah	Jah	jod-he
Binah	Jehovah Elohim	jod-he-vau-he el-o-heem
Chesed	El oder Al	ah-l
Geburah	Elohim Gibor	el-o-heem gi-bor
Tiphareth	Jehovah Eloah-ve-Daath	jod-he-vau-he el-oah-vee-daath
Netzach	Jehovah Tzabaoth	jod-he-vau-he t-za-bah-oth
Hod	Elohim Tzabaoth	el-o-heem t-za-bah-oth
Yesod	Shaddai el-Chai	sha-da-eye el-kye
Malkuth	Adonai Haretz	ah-do-nye
	Malekh	ma-lek

Tabelle der Sephiroth und der dazugehörigen Welten

	Name der Welt			
Sephira	Atziluth Gottesname	Briah Erzengel	Yetzirah Engelschar	Assiah irdische Sphäre
1. Kether כתר	Eheieh אהיה	Metatron מטטרון	Chaioth ha Qadesh חיות הקדש	Rashith ha Gilgalim ראשית הגלגלים
2. Chokmah חכמה	Jah or Jehovah יה	Ratziel רזיאל	Auphanim אופנים	Mazloth מזלות
3. Binah בינה	Jehovah-Elohim יהוה אלהים	Tzaphkiel צפקיאל אלהים	Aralim אראלים	Shabbathai שבתאי
4. Chesed חסד	El or Al אל	Tzadkiel צדקיאל	Chasmalim חשמלים	Tzedek צדק
5. Geburah גבורה	Elohim-Gibor אלהים גבר	Khamael כמאל	Seraphim שרפים	Madim מאדים

	Divine Name	Archangel	Angelic Order	Sphere
6. Tiphareth תפארת	Yhvh Eloah Vedaath יהוה אלוה ודעת	Raphael רפאל	Melekim מלכים	Shemesh שמש
7. Netzach נצח	Yhvh Tzabaoth יהוה צבאות	Haniel האניאל	Elohim אלהים	Nogah נוגה
8. Hod הוד	Elohim Tzabaoth אלהים צבאות	Michael מיכאל	Beni Elohim בני אלהים	Kokab כוכב
9. Yesod יסוד	Shaddai-el-Chai שדי אל חי	Gabriel גבריאל	Cherubim כרובים	Levanah לבנה
10. Malkuth מלכות	Adonai-Malekh אדני מלך / Ha-Aretz הארץ	Sandalphon סנדלפון	Ashim אשים	Olam-Yesodoth עולם יסודות

*Die Reihenfolge der Sephiroth, die Namen der dazuge-
hörigen Welten und die Hierarchie der Wesen, die jede
Welt beherrschen, sollte man sich einprägen und sie
dann in der Farbe der jeweiligen Sephira, der sie zugeordnet sind, visualisieren. Dabei hält man sich an das
einfache, farbige Diagramm auf Seite 132.*

Das Diagramm wird auf eine menschliche Gestalt gelegt,
in diesem Fall auf deine eigene. Beginne am Scheitel deines
Kopfes mit *Kether,* die sich im Bereich der Korona befindet. Diese Sephira leuchtet in strahlendem Weiß und ist
vom Dunkel eines tiefen Nachtblaus umgeben.

Die nächste Sephira *Chokmah* befindet sich ungefähr
eine Armlänge von der linken Schläfe entfernt, in einer
Linie mit dieser, in Grau mit schwarzer Umrandung. Die
zwei darunterliegenden Sephiroth auf beiden Seiten liegen
in einem ähnlichen Abstand von der Schulter und Hüfte.

Auf Höhe der rechten Schläfe befindet sich die Sephira
Binah in Schwarz mit einer weißen Umrandung. Diese drei
übernatürlichen Sephiroth stellt man sich in einer Wolke
im Raum vor, die von funkelnden Sternen umgeben ist.

Die Lage der restlichen sieben Sephiroth ist folgende:
Chesed in Blau mit oranger Umrandung wird auf die linke
Schulter gesetzt; *Geburah* in Rot mit grüner Umrandung
liegt auf der rechten Schulter; und *Tiphareth* in Gelb oder
Gold mit silberner Umrandung wird in der Herzgegend
visualisiert. Diese drei Sephiroth umfassen die Welt von
Briah (Schöpfung).

Die letzten drei Sephiroth gemäß der sephirotischen
Dreiteilung sind:

Netzach, grünes Mittelfeld und rote Umrandung, *Hod*
mit orangem Mittelfeld und blauer Umrandung, und
schließlich *Yesod* mit violettem Mittelfeld und gelber
Umrandung. Diese Sephiroth beziehen sich auf die dritte
Welt von *Yetzirah.*

Die vierte Welt mit dem Namen *Assiah* ist die materielle Welt, und ihr wird die Sephira *Malkuth* zugeordnet, das Königreich.

Zum Zweck der Kontinuität in der Evolution und der Umwandlung der Elemente gibt es einen reflektierten Lebensbaum unterhalb der Sephira *Malkuth* in der Welt von *Assiah,* der *Qliphoth* genannt wird.

Die Namen des göttlichen Wesens von *Malkuth* sind *Adonai Malek,* Herr der Könige, oder *Adonai ha Aretz,* Herr der Erde.

Der *Qliphoth* umfaßt den Bereich der unausgeglichenen und zerstörerischen Kräfte, der auch ein Bestandteil des kosmischen Plans der Involution und der Evolution ist. Es handelt sich um einen Bereich der okkulten Betätigung, von dem der neugierige, ungeübte Amateur und der uneingeweihte, nach Sensationen und Macht strebende Anwender der theurgischen Kunst oder der göttlichen Magie am besten die Finger läßt.

Um sich ein Verhalten von Disziplin anzueignen, an dem das ganze Bewußtsein teilhat, sollte man die Visualisierungstechniken des Lebensbaumes von *Kether* bis *Malkuth* beherrschen und regelmäßig üben und die göttlichen Namen der hierarchischen Wesenheiten vibrieren lassen. So prägt sich die Eigenschaft der Energie einer jeden Sephira in der Aura des Ausübenden ein und verwurzelt während der Entspannung und Meditation tief darin.

Diese Arbeitsmethode sollte die Vertrautmachung und regelmäßige Betrachtung des sephirothischen Baums genauso beinhalten wie das Auswendiglernen der Namen, Farben und Positionen der einzelnen Sephiroth auf dem Baum. Halte fest, was du *siehst* (visualisierst), *fühlst* (deine physiologische Reaktion) und *denkst* (deine psychologische Interpretation).

Hat man sich diese zweckmäßigen Assoziationen einmal bewußt gemacht, kann man die Empfindungssphäre allein durch die Visualisierung des Atems und der Gedanken aktivieren. Denke den Baum in dir selbst und fülle ihn durch stetiges, rhythmisches Atmen mit Energien.

Beherrschst du die Anordnung der Sephiroth auf dem Baum und ihre Übertragung auf den menschlichen Körper, die Zuordnungen der Farben, die Namen Gottes, der Erzengel, die Bezeichnungen der Himmels- und Erdensphären, dann intoniere mit der rhythmischen Atmung die Namen und laß sie schwingen, bis der Klang der Worte in deinen Ohren widerhallt.

Wendest du diese Technik in einer Fernheilung für eine andere Person an, übertrage das Diagramm des sephirothischen Baums auf deinen eigenen Körper, visualisiere den Körper der anderen Person (des Patienten) umgeben von einem ovalen, violetten Lichtkegel, der ungefähr einen Meter breit ist, und stelle dir vor, wie der mittlere Bereich des Körpers in fünf strahlenden, funkelnden, weißen Sphären pulsiert, wie dies in dem Diagramm der mittleren Säule dargestellt ist.

Laß die Namen wie angegeben in ihrer phonetischen Umschreibung vibrieren und visualisiere den Körper des anderen (des Patienten) so gesund, wie du ihn nur visualisieren kannst. Befinden sich die Teilnehmer in deiner Gegenwart, wird dieselbe Methode angewandt, und die Personen können sich selbst daran beteiligen, indem sie sich von einem strahlend weißen Licht umgeben visualisieren.

Im nächsten Kapitel gebe ich eine genauere Erklärung in bezug auf den weiteren, praktischen Gebrauch des sephirothischen Baums und des Kleinen Pentagramm-Rituals.

Praktische Anwendung

Der gesamte physische Körper eines jeden Menschen ist von einem elektromagnetischen Energiefeld umgeben, der sogenannten Empfindungssphäre oder Astral-, Strahlen-

oder Lichtkörper. Jeder Sephira kommt ein bestimmter Bereich in der Empfindungssphäre zu. Diese Bereiche hängen mit dem physischen Körper zusammen und sind folgendermaßen angeordnet:

Die erste Sephira, *Kether,* befindet sich im Bereich des Scheitels über dem Kopf; die zweite, *Chokmah,* befindet sich an der linken Schläfe; die dritte, *Binah,* an der rechten Schläfe; die vierte, *Chesed,* oder *Gedulah* an der linken Schulter; die fünfte, *Geburah,* im Bereich der rechten Schulter; die sechste, *Tiphareth,* in der Herzgegend; die siebte, *Netzach,* befindet sich an der linkten Hüfte; die achte, *Hod,* an der rechten Hüfte; die neunte, *Yesod,* in der Beckenregion der Geschlechtsorgane und schließlich *Malkuth* im Bereich unterhalb und um die Füße.

Alle Sephiroth sind untereinander durch Kraftlinien, sogenannte Pfade, verbunden, die einen gegenseitigen Energieaustausch zulassen. Rechts von *Kether,* auf einer Uhr betrachtet ungefähr in der 10 Uhr-Stellung, fährt ein Strahl von Lichtenergie wie ein Blitz schräg nach unten, durch *Kether* und weiter im Zickzackkurs durch jede Sephira bis hinunter zu *Malkuth,* in den Bereich unterhalb der Füße. An diesem Punkt angelangt, ist der gesamte Körper mit Licht und Empfindung energetisch aufgeladen und ist bereit, durch die Visualisierungstechnik und den Klang aktiviert zu werden. Man sollte sich die Verbindungen zwischen den einzelnen Sephiroth merken, ebenso wie die Visualisierungstechnik in der Reihenfolge ihrer Verbindungspfade und ihre Entsprechungen zu den ihnen zugeordneten Bereichen im menschlichen Körper, denn während des Heilungsvorgangs kann all das dazu benutzt werden, die Eigenschaften der Energie für spezielle Zwecke zu kanalisieren. Die Reihenfolge der 22 Verbindungspfade von *Kether* bis *Malkuth* ist in Kapitel 2 angeführt.

Für die praktische Anwendung der Technik des kabbalistischen Heilwegs müssen die psycho-spirituellen Energiezentren (Chakras), die mit dem physischen Körper in

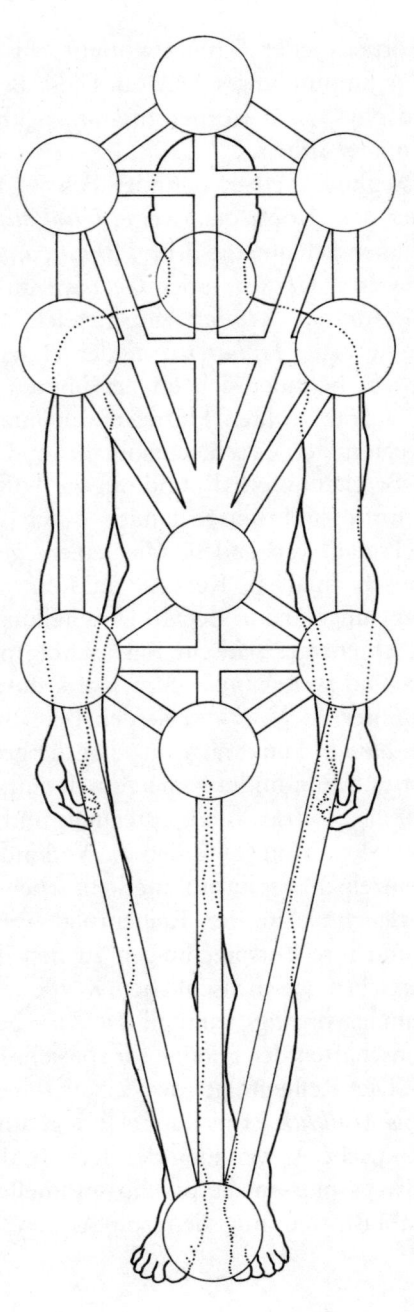

Zusammenhang stehen, aktiviert werden. Der Einfachheit halber werden wir diese Zentren Geist, Luft, Feuer, Wasser und Erde nennen und sie in dieser Reihenfolge dem Kopf, Rachen, Herz, Solarplexus und den Füßen zuordnen. Bestimmte Namen müssen zur Aktivierung dieser Zentren im Sinne von Schwingungsraten der Energie intoniert und in Vibration gebracht werden. Dies führt zu einem Bewußtseinszustand, der ihrer Auswirkung auf den physischen Körper entspricht. Der Geist muß unter Kontrolle sein, damit man die Zentren durch Symbole, Farben und Klang miteinander verbinden und infolgedessen die entsprechenden Bereiche des Körpers beeinflussen kann.

Das Ritual der mittleren Säule

Du wirst jetzt bewußt eine geistige Reise von der äußeren Welt der Sinneswahrnehmung zur inneren Welt des erhöhten Bewußtseins und wieder zurück in die irdische Welt antreten. Setze oder lege dich zuerst in einer ganz entspannten Stellung hin, falte die Hände entweder in deinem Schoß oder lege sie locker ineinandergelegt unterhalb des Solarplexus hin. Tiefes, entspanntes Atmen aus dem Zwerchfell steigert die Wirkung der nachfolgenden Übung. Nachdem du den Geist durch rhythmisches leichtes Atmen zur Ruhe gebracht hast, visualisierst du nun ein Bild deiner selbst, das vor dir steht und über dessen Scheitelregion des Kopfes eine Sphäre aus leuchtend weißem Licht erstrahlt. Visualisiere dieses Bild vor deinem geistigen Auge für zirka fünf Minuten, bis es so klar ist wie eine wirkliche Szene.

Atme tief mit deinem Zwerchfell ein und vibriere oder intoniere das Wort *eh-heh-yeh*, das wörtlich »Ich bin« bedeutet. Projiziere jetzt ganz ruhig und entspannt von der Sphäre oberhalb des Kopfes einen leuchtenden Strahl weißen Lichts durch das Zentrum des Schädels und das Gehirn hindurch, bis er das Rachenzentrum erreicht, das die

Bezeichnung *Luft* trägt. Laß dort eine weitere, leuchtend weiße Sphäre entstehen, die den Rachen und den Nacken vollkommen einhüllt, von vorne bis hinten, als wenn der ganze Bereich von einer Kugel eingenommen würde.

Atme noch einmal tief durch und laß den Namen *jeh-ho-vah eh-loh-heem* ertönen. Fühle, wie der gesamte Rachen- und Nackenbereich mit dem Klang in Schwingung gelangt und visualisiere, wie die zwei Kugeln voller Energie vibrieren und funkeln. (Du kannst diese vibrierenden Klänge drei- oder viermal wiederholen, damit sie von jenen psycho-spirituellen Zentren aufgenommen werden können, die jetzt bewußt gemacht werden.) Achte jetzt auf die psychologische Auswirkung dieser Übung und auf deine darauffolgende physiologische Reaktion. Projiziere nun den Lichtstrahl weiter nach unten in die Herzregion und visualisiere dort eine strahlend weiße Kugel, die voller Energie aufblitzt und pulsiert und den gesamten Körper in diesem Bereich, von vorne und hinten, umfaßt. Hier befindet sich das Feuerzentrum, weil das Herz mit den emotionalen Wesenszügen wie Liebe, Glück, brennender Leidenschaft und ähnlichem verbunden wird. Atme wieder tief mit dem Zwerchfell ein und intoniere den Namen *jeh-ho-vah el-oah-ve-dah-as*. Verbleibe in diesem Zustand nachdenklicher Einheit und visualisiere die Kugel hell und leuchtend.

Visualisiere anschließend den Lichtstrahl weiter nach unten, in die Beckengegend und die Geschlechtsorgane fahrend, wo sich eine andere leuchtende Kugel bildet und voll von Energie pulsiert. Laß den Geist eine Weile in diesem Zentrum verweilen, bis die innere Vision als klares Bild entsteht.

Atme tief durch und bringe den Namen *shad-ai-el-chi* zum Schwingen. Laß dieses Wort solange vibrieren, bis du das Gefühl des erhöhten Bewußtseins erlangst. Hast du die Energie in der Sphäre von *Yesod* in dir aufgenommen, lenke den Lichtstrahl abwärts durch die Oberschenkel und die Beine bis hinunter zu den Füßen, wo er sich an den Knöcheln ausdehnt und seinen Durchmesser über die Füße hinaus vergrößert und die fünfte Kugel bildet. Du solltest nun das Gefühl entwickeln, als stündest du auf einer Kugel, die die Erde darstellt, und als hülle dich der Raum um dich herum vollkommen ein, und in deiner Vorstellung bist du sehr groß gewachsen und zeigst dich jetzt als ein strahlender Lichtkörper, um den das Himmelsgewölbe seinen leuchtenden Mantel gelegt hat.

In diesem Augenblick läßt du den Namen *ah-doh-ni-hah-ah-retz* im gesamten Universum um dich herum vibrieren. Dieser Name wird mehrmals wiederholt. Die ganze Übung sollte solange regelmäßig durchgeführt werden, bis du nach Belieben die fünf Zentren in deinem Geist entstehen lassen und die Lichtstrahlen von jedem einzelnen Zentrum zu den verschiedenen Körperteilen lenken kannst, die Heilung nötig haben. Wie schon erwähnt, spielt bei dieser Technik Farbe eine wichtige Rolle, die aber nur dann nützlich angewandt werden kann, wenn man die einheitliche Visualisierung der strahlend weißen Lichtzentren beherrscht.

Die folgenden Farben sind den fünf Zentren zugeordnet, die wir aktiviert haben:

Am *Kopf* (der Scheitelbereich oberhalb des Kopfes ist miteingeschlossen) ist die Farbkugel *weiß* (strahlend weiß) und steht für das Element *Geist*.
Der nächste Bereich, jener des *Rachens* ist *violett* und steht für das Element *Luft*.
Weiter unten folgt die *Herzregion* in der Farbe *rot,* die das Element *Feuer* darstellt.
Die Farbe des *unteren Teils des Rumpfes* ist *blau* und symbolisiert Frieden und Ruhe, das Element *Wasser*.
Die Farbe für den *restlichen Körper* (von den Keimdrüsen abwärts bis zum Bereich unterhalb der Füße) ist *rotbraun* und verkörpert das Element *Erde*.

Diese Farben können je nach Krankheit sowohl zur Beruhigung als auch zur Belebung der verschiedenen Organe des physischen Körpers verwendet werden. In jedem Fall sollte zunächst das Zentrum harmonisiert werden, das dem betreffenden Organ am nächsten liegt. Lenke mit Hilfe der Visualisierungstechnik die Energie als Farbe in jenen Bereich und atme ruhig und leicht, um ihn ganz mit Farbe zu durchdringen. Diese Technik kann auch bei der Übertragung von Heilungsenergie angewendet werden. In diesem Fall sollte sich der Patient mit dem Rücken auf den Boden legen, die Hände über dem Solarplexus gefaltet, den rechten Fuß über dem linken gekreuzt. Atme rhythmisch. Lege deine rechte Hand über den Solarplexus und die linke Hand auf den Kopf, was die Energiefelder der Teilnehmer ausbalanciert und eine Harmonie zwischen ihnen aufbaut, die den Heilungsablauf fördert. Bringe gleichzeitig im Geiste jenen Namen der Macht in Schwingung, der mit dem Zentrum in Verbindung steht, mit dem du arbeitest, und es sollte sich eine eindeutige physiologische Wirkung bemerkbar machen.

Zum Abschluß noch eine Bemerkung: Der kabbalistische Weg zur Heilung umfaßt den Gebrauch aller Energien, die mit einer ausgeglichenen und harmonischen Funktionsweise des einzelnen zusammenhängen, in Verbindung mit seinen spirituellen, geistigen und körperlichen Fähigkeiten. Auf diese Weise werden sie zum Wohle der gesamten sich fortentwickelnden Art in der Schöpfung genutzt.

Wie schon vorher dargelegt, wird jede kabbalistische Welt von einer Hierarchie von Wesen beherrscht, und in der ersten Welt, in jener des Feuers, wird das, was jetzt gegenwärtig ist, verbrannt oder verändert (zerstört), um sich den veränderten Verhältnissen anzupassen. Die Wesen, die im Feuer wirken, bringen den Willen des göttlichen Wesens in der nach außen strebenden Schöpfungsenergie zum Ausdruck. Feuer verbrennt und zerstört, aber Feuer bringt auch Neues hervor. Das zentrale Feuer der Sonne bringt neues Leben und verbrennt oder verändert alles Alte.

Die nächste Welt ist Wasser. Wasser ist die Welt der kreativen Ideen und der Emotionen, und es enthält, was zum Sein bestimmt ist. Es wird von den Erzengeln beherrscht, die in der zweiten Welt von *Briah* tätig sind, der Welt der Schöpfung, die den äußeren Ausdruck des göttlichen Willens darstellt, der dann in der Welt von *Yetzirah* Form annimmt.

Diese Erzengel sind für den Plan der Schöpfung in der nächsten Welt verantwortlich, in der Welt der Form, die Luft ist. Wird Luft mit Wasser vermischt und mit Feuer aktiviert, entsteht Dampf. Das ist der Zustand der Fortpflanzung der Energie, der der materiellen Manifestation vorausgeht, und der auch als Materialisation der nominellen Urstoffe des Absoluten, des Geistes, beschrieben werden kann.

Aus der Welt der göttlichen Wesen wird der Wille des Absoluten durch die Welt der Erzengel oder der Schöpfung *(Briah)* und die Welt der Engel oder der Form *(Yetzirah)* in Aktion umgewandelt, bis hinunter in die Welt der Materie *(Assiah)*, wo die Stabilität in der Schöpfung manifestiert ist. Infolge dieses wechselwirkenden Prozesses, der die Ursache für die Stabilität in der materiellen Welt darstellt, werden die Bestandteile dieser Welt durch das Einwirken des fünften Elements (Äther, Geist) in der Materie angeregt, vom Urstoff des spirituellen Kosmos, der Matrix der Schöpfung.

Die hochgestellten Kosmokraten gehören auch zur Hierarchie der Wesen. Sie sind die Erbauer und Architekten des Universums und helfen bei der Beherrschung der physischen Welt durch die Elemente mit, für die sie die Verantwortung tragen (siehe Tabelle Seite 151).

Engel und andere Wesen arbeiten unter den Erzengeln, aber die Erde besitzt einen speziellen Erzengel, ein Wesen mit dem Namen *Adonai-Ha-Aretz* (Herr der Erde), für die

137

materielle Welt von *Assiah*. Er ist nicht mit den anderen vergleichbar, da er im wesentlichen aus allen Elementen besteht, die die physische Welt umfaßt. Der Herr dieser Welt ist *Adonai-Ha-Aretz* oder *Adonai Malek* (was soviel wie Herr der Könige bedeutet), derjenige, der die Schöpfung als Ganzes in ihrem jetzigen Evolutionsstadium darstellt. Dieser Herr der Könige herrscht über die manifeste, elementare Welt der Materie, zusammen mit Luzifer, dem Erzengel, der die materielle Welt in ihrem unbelebten, unmanifestierten Zustand des Chaos beherrscht. Luzifer brachte das Licht im Lichtblitz von *Kether* zu *Malkuth* hinab, und er hätte eigentlich für die materielle Welt der Erde die Verantwortung tragen sollen. Luzifer war der Erzengel des Lichts und ist es immer noch, denn er war der erste in die Materie projizierte Erzengel, und wegen diesen willentlichen Eindringens in die Materie, vom aktiven Licht in die unbelebte Materie – *Finsternis* –, wird Luzifer der Prinz der Finsternis genannt, der Herrscher der Unterwelt. Diese Unterwelt findet ihre Entsprechung in der Hölle der Christen und in der allegorischen *Gehenna* der Hebräer, im *Hades* der Griechen; in den kabbalistischen Allegorien wird davon als *Qliphoth* gesprochen, und gemeint ist die Unterwelt von *Assiah*. Es handelt sich dabei um die Welt der Dämonen und Gerippe, des Abfalls und Mülls der Astralwelt und der Elemente, aus denen die physische Welt besteht. Es ist der Sitz von Samael, das ist der luziferische Name für Satan in den religiösen Dogmen für Christen.

Als Luzifer zusammen mit seinen Dienerschaften gegen die Hierarchie der göttlichen Wesen in der manifesten Welt der Schöpfung rebellierte, wurden sie in die Welt der unbelebten, unmanifestierten Materie in der materiellen Welt verbannt, das ist die Welt der Finsternis. Weil er also seine Pflicht, das Bewußtsein der Arten in der Schöpfung zu erhöhen, nicht erfüllte, verlor er das Recht, in der physischen oder materiellen Welt zu herrschen, und ein anderer Herrscher wurde über die Erde gestellt, um Luzifer an seinem Ort festzuhalten und seine Scharen in den Regionen von *Qliphoth* zu unterwerfen. Der Name des neuen Herrschers über die Erde war *Adonai-Ha-Aretz* oder *Adonai Malek*, Herr der Könige.

Achtes Kapitel

Das kabbalistische Ritual – Vorbereitung und Durchführung

Damit du eine Atmosphäre der Harmonie und des Friedens vor der Meditation und der Heilung schaffen kannst, mußt du die Natur und die Eigenschaften der Bestandteile der Atmosphäre, die deinen Arbeitsbereich durchdringen, kennen und verstehen. Der Hauptbestandteil ist das universelle Element des Raums im Raum, das in den alten Weisheitslehren als *Fohat* bezeichnet wird und die Grundlage in der Ausübung der Kunst und Wissenschaft der uralten Magie darstellt. (Der Ausdruck »Magie« stammt vom Wort »magi« [weise]. Die Schüler dieser theurgischen Kunst, wie Plotinus, Porphyrios und Jamblichos, um nur einige zu nennen, wurden als Theurgisten oder zeremonielle Magier bezeichnet. Der Ausdruck »Theurgie« setzt sich aus dem griechischen »theos« [Gott] und »urgon« [Werk] zusammen, heißt also soviel wie »das Werk des Göttlichen« oder »das göttliche Werk«.) In seinem Urzustand befindet sich *Fohat* überall im Raum, und es beginnt zu fließen, wenn es am *Primum mobile* (der allerersten Bewegung) des manifestierten Universums beteiligt wird. Es wird zum Element, mit dem und durch das sich der Seinszustand in der Schöpfung ausdrückt. Die Wesen, die die vier Welten des sephirothischen Lebensbaums *Atziluth, Briah, Yetzirah* und *Assiah* beherrschen, lenken diesen Vorgang. Sie sind für den harmonischen, einheitlichen Ablauf im Rahmen der kreativen Matrix des Seins – des Kosmos – verantwortlich, besonders in *Assiah,* der materiellen Welt der Aktion.

Die vier Elemente

Die Elemente spielen im praktischen Teil der kabbalistischen Disziplin eine wichtige Rolle. Damit sind nicht jene Substanzen gemeint, die die modernen Physiker und Chemiker unter dieser Bezeichnung kennen und die nur schwache Reflektionen der Elemente in der Materie, in der Welt von *Assiah*, sind. Es handelt sich um die Elemente Feuer, Wasser, Erde und Luft. Über diese Elemente herrschen bestimmte Wesen, die die Neuplatoniker »Äonen« oder himmlische Hierarchien nannten. Die Archonten und die Kosmokraten sind die Herrscher über den Kosmos. Die regierenden Genien der Planeten formen den Menschen – den Mikrokosmos.

Die Nachkommenschaft der himmlischen Hierarchien hat am feinstofflichen Körper teil, am physischen, geistigen und spirituellen, den der höchste Architekt des Universums, der Erbauer, der Handwerker, bildet. Die Eigenschaften, Zuordnungen und Entsprechungen der einzelnen Elemente sind vielseitig und stehen in Beziehung zueinander, denn sie bilden den Mantel des Keimens, mit dem die kosmischen Gärtner in Eden, die Gnome, Sylphen, Undinen und Salamander, ihre Arbeit überdecken, bevor die Früchte in der Schöpfung reifen. Sie werden von den sogenannten »Scheinenden«, den *Devas*, unterstützt. Diese Bezeichnung ist auf das Sanskritwort »div« (scheinen) zurückzuführen.

In der okkulten Philosophie gibt es fünf Elemente: Feuer, Wasser, Luft und Erde sind voll manifestiert. Der fünfte Urstoff – Äther – setzt sich zum Teil aus Luft zusammen und ist die Manifestation seines nominellen Aspekts in der Materie. (Andere Bezeichnungen für Äther sind: »Vater« oder »Omni«.) Dieser nominelle Bestandteil des Kosmos – Äther – wird im Verlauf der Involution der Schöpfung in der Welt der Erscheinungen als Energie manifestiert, die aus den Elementen Feuer, Wasser, Luft und

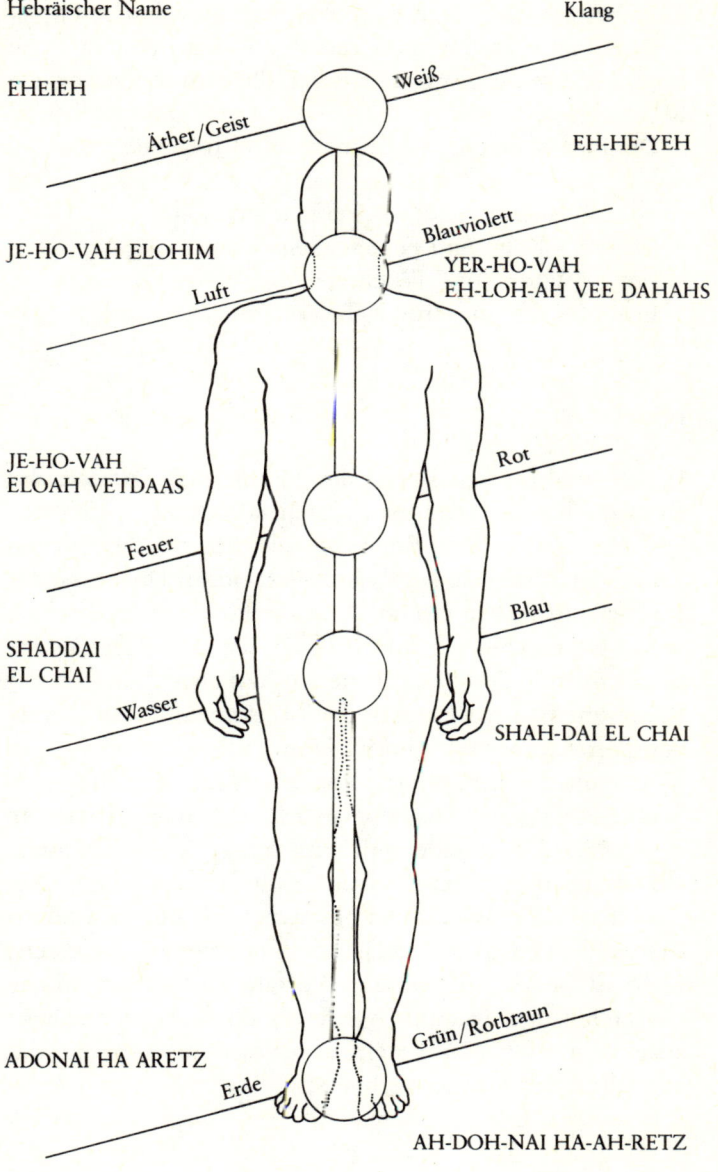

Hebräischer Name   Klang

EHEIEH   Weiß

            Äther/Geist   EH-HE-YEH

JE-HO-VAH ELOHIM   Blauviolett

            Luft   YER-HO-VAH
                        EH-LOH-AH VEE DAHAHS

JE-HO-VAH   Rot
ELOAH VETDAAS

        Feuer

                                Blau

SHADDAI
EL CHAI

        Wasser   SHAH-DAI EL CHAI

ADONAI HA ARETZ   Grün/Rotbraun

            Erde

                        AH-DOH-NAI HA-AH-RETZ

Erde besteht, wie sie in ihrer Beschaffenheit in der Physik bekannt sind. In der okkulten Philosophie versteht man unter Erde die Ursubstanz, aus der alle manifesten Formen hervorgegangen sind.

Die Eigenschaften der Elemente sind folgende:

Feuer – Wärme und Trockenheit
Wasser – Kälte und Feuchtigkeit
Luft – Wärme und Feuchtigkeit
Erde – Kälte und Trockenheit

Feuer

Das Symbol für Feuer △ ist ein gleichseitiges Dreieck, das als Pyramide aus Flammen, bestehend aus vier gleichseitigen Dreiecken, in den Raum projiziert ist. Die ägyptischen Pyramiden setzen sich aus vier gleichseitigen Dreiecken auf einer quadratischen Grundfläche zusammen.

Das Urprinzip der Natur ist Feuer, die Voraussetzung für alle Formen in der Natur. Feuer, als das erste Prinzip in der Schöpfung und das letzte in der Transmutation, ist der Sitz der Götter, was wiederum zur Umwandlung in den Grundbestandteil der Schöpfung – *Fohat* – führt.

Im Griechischen heißt »pyr« Feuer. Davon abgeleitete Wörter sind Pyramide und Empyreum, die himmlische Sphäre des Lichts. Feuer, Flamme und Licht sind das Produkt der Elektrizität auf der physischen Ebene. Die Elektrizität ist der geheiligte Erzeuger der Flamme und des Lichts. Licht ist der Urstoff unserer Vorfahren. Die himmlische Hierarchie und Flamme wurde als die Seele aller Dinge angesehen. (*Fohat* ist das elektromagnetische Element, das alle Dinge miteinander verbindet.)

Wasser

Das Element Wasser ▽: In der hinduistischen Kosmogonie wurden die Götter aus einem Ozean von Milch (*mula prakriti*) geschaffen und nicht aus der Materie. *Mula prakriti* bedeutet in Sanskrit wörtlich »Ursprung der Natur« (oder Materie). Dies entspricht dem galaktischen Phänomen in jenem Gürtel der astronomischen Gewänder der Natur, der »Milchstraße« oder »Ozean aus Milch« genannt wird. In der modernen Wissenschaft ist man der Ansicht, daß die Milchstraße die Keimzelle des Universums, der Sonnensysteme und wahrscheinlich auch der Ursprung unseres eigenen Systems ist.

Luft

Luft △ erfüllt einen medizinischen Zweck. Sie heilt, reinigt und zerstört Illusion und Krankheit, sie läutert und polarisiert die Seele, indem sie das Licht anzieht. So wird das höhere Selbst fest an den niederen Körper gebunden. Die in die uralten Mysterien Eingeweihten und besonders die Schüler der praktischen Kabbala können durch disziplinierte Übung ihr höheres Selbst fest im Körper verwurzeln und infolgedessen Transmutation und Reinigung erfahren. Die beste Methode, um dies zu erreichen, ist die Ausführung magischer Rituale, die sich auf die Emanationssphäre des Schülers oder Aspiranten auswirken.

Luft hilft dem beseelenden Geist, sich mit seiner irdischen Form zu verbinden. In anderen Sprachen werden für Luft folgende Ausdrücke gebraucht: im Griechischen – *Pneuma,* im Lateinischen – *Spiritus,* im Hebräischen – *Ruach.*

Luft vermittelt zwischen den zwei Gegensätzen Feuer und Wasser und bringt sie miteinander in Einklang. Im Mittelpunkt aller magischen Handlungen steht die Verknüpfung dieser beiden Gegensätze. Dies bewirkt eine Reinigung des physischen Körpers, wodurch die Seele polarisiert wird, um das Licht der göttlichen Schöpferkraft anzuziehen.

Erde

Sie ist die Urmaterie, von der alles ausgeht. Das Symbol für Erde ▽ ist *Athanor* oder der Schmelzofen, ein geschlossener Kessel, in dem unedles Metall in Gold umgewandelt wird. Der dahinterstehende Symbolismus ist die Reinigung der physischen Natur des Menschen durch Feuer, um zur Quintessenz der göttlichen Vereinigung zu gelangen.

Die Vorbereitung für die praktische Anwendung

Das auf Seite 132 gezeigte Diagramm stellt den *Otz Chim* oder Baum des Lebens auf dem menschlichen Körper dar. Angegeben ist auch, welche Sephira zu welchem Körperteil gehört und wie man sie in der Entspannung, Meditation und Heilung in ihren objektiven und subjektiven Aspekten gebraucht. Der Teilnehmer oder Patient hat objektive und subjektive Selbstheilung nötig, beispielsweise geistige Disziplin, damit ein Mantel schützender Energie um ihn aufgebaut werden kann, als Hilfe für die Bewältigung schwieriger Situationen, die sichtbar oder unsichtbar, bekannt oder unbekannt sein können. Diese Entsprechungen werden durch die Bedeutung des Diagramms und seiner ihm zugrundeliegenden Philosophie nachdrücklich unterstrichen. Diese besagt, daß die Seele durch das Herabsteigen von ihrem Ursprung kosmischen Seins in die Materie sich zwar das Wissen der materiellen Welt aneignet, zur gleichen Zeit aber das reine Bewußtsein ihres göttlichen Ursprungs verliert. Sobald die Seele in die unreinen Elemente der materiellen Welt verstrickt wird, wird sie ihrer Nacktheit bewußt gemacht: Eine Parallele dazu finden wir in der Nacktheit von Adam und Eva im Garten Eden, die im übertragenen Sinn den Verlust des kosmischen Bewußtseins der Seele und des verborgenen Wissens von ihrem kreativen Ursprung ausdrückt.

Nach zahllosen Inkarnationen über Äonen des Raum-Zeit-Kontinuums hinweg, die nichts anderes als die ewigen Zyklen der Wiedergeburt in die Materie darstellen, wird die Seele im Laufe der Zeit gereinigt und ist fähig, sich wieder zurück zu ihrem Ursprung göttlicher Kreativität oder reinem, kosmischen Sein, zurück zu Ganzheit oder Einheit zu entwickeln, was die Perfektion der Relativität zwischen *Chaos* und *Kosmos* im Heilungsvorgang veranschaulicht. Dieser Ablauf übermittelt der Quelle des *absoluten Seins* die Erfahrung kreativen Willens, in allem *eins zu sein* – Schöpfung – und diese *Schöpfung*, das Alles, *sich selbst* sein, alles in *einem*.

Durch diese Verschmelzung der Seele und des kosmischen Bewußtseins wird die Seele eins mit ihrem Ursprung, und ihre Individualität wird geopfert. Das spirituelle Wesen, das die Monade beseelt (die dem ätherischen Mantel des physischen Körpers ähnlich ist) und ihr auf diese Weise die Individualität gegeben hat, zieht nun den Urgrund alles Wissens, das die Seele während ihrer Inkarnation in die Materie erfahren hat, zurück, und die gereinigte Energie der Seele wird dann zur Regeneration und zum weiteren Gebrauch verstreut. In der dritten Welt oder Welt der Form, *Yetzirah* genannt, werden die kosmisch projizierten archetypischen Ideen der Welt der reinen Gottheit – *Atziluth* – und die kreative Matrix der Welt von *Briah* miteinander vereint, um die vorbereitete Form zu beleben und zu befruchten und um damit in der materiellen Manifestation in *Assiah* aktiv zu werden.

Das Pentagramm

Die vier Elemente und ihre Quintessenz *Äther* wirken in der materiellen Welt von *Assiah* und beeinflussen das Wachstum aller Formen und Arten der Schöpfung, durch die sie sich manifestieren, entsprechend ihrem Bedürfnis und ihrer Entwicklung. Diese Wirkung zeigt sich in den verschiedenen Arten vom Atom bis zu den Nebeln und in den dazwischenliegenden Arten des Pflanzen- und Mineralbereichs. Sie alle erfahren in ähnlicher Weise die Auswirkungen dieses Zusammenspiels kosmischer Energie und manifestierter Schöpfung – *Materie*.

Es gilt, die Merkmale und die Beschaffenheit dieses Zusammenspiels von Energie in der Schöpfung verstehen zu können. Dazu dient das Symbol des Pentagramms, das zusammen mit seinen verschiedenen Zuordnungen und Entsprechungen im wesentlichen die Schlüsselfigur darstellt, durch die die Beziehung dieser fünf Elemente zueinander erfahren werden kann.

Das Symbol des Pentagramms oder fünfzackigen Sterns, wie es manchmal gemeinhin genannt wird, ist im Grunde genommen das Symbol des Mikrokosmos, der aus den vier Elementen und Äther besteht. Dieser Symbolismus in der Welt von Assiah oder materiellen Welt repräsentiert die vier Elemente und Äther in der nominellen Welt der Form – *Yetzirah*.

Mit Hilfe von Symbolen ist es der Menschheit und den anderen Bewohnern der materiellen Welt von Assiah möglich, mit der himmlischen Hierarchie in Verbindung zu treten. Unterstützung in diesem Unternehmen leisten auch die Wesen der Welt der Elemente Feuer, Wasser, Luft und Erde und des Tier-, Pflanzen- und Mineralreichs, durch die und in denen sie wirken, um zur Erfüllung des göttlichen Schöpfungsplans beizutragen.

Das alles dient dem Zweck, ein friedliches und harmonisches Zusammenwirken mit den Wesen der sich entwic-

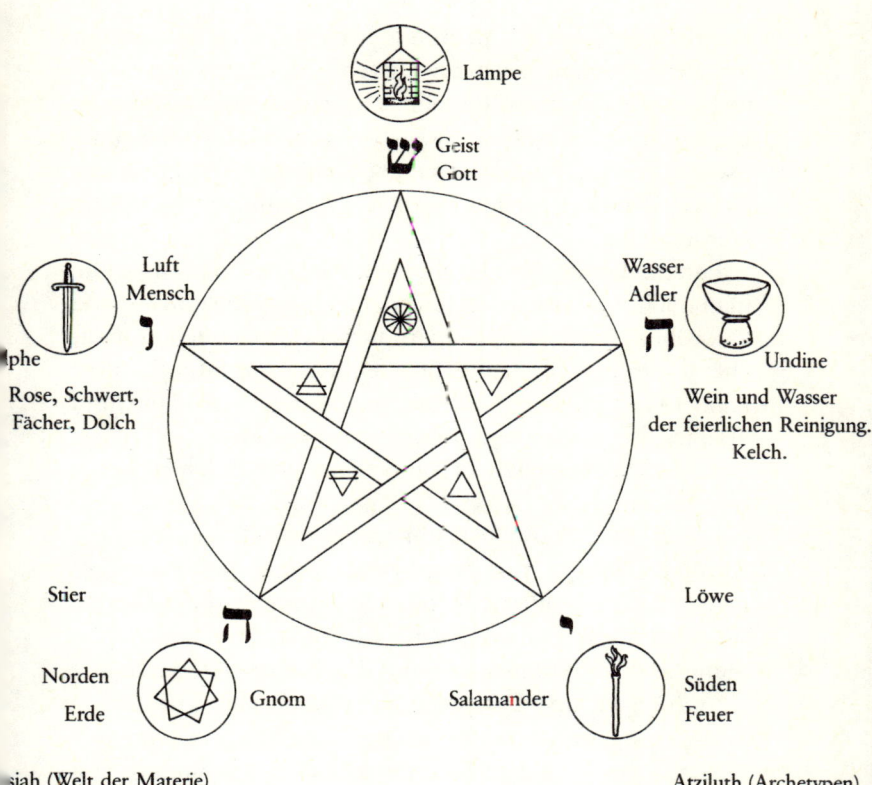

Lampe

Geist
Gott

Luft
Mensch

Wasser
Adler

...phe

Undine

Rose, Schwert,
Fächer, Dolch

Wein und Wasser
der feierlichen Reinigung.
Kelch.

Stier

Löwe

Norden
Erde

Gnom

Salamander

Süden
Feuer

...siah (Welt der Materie)

Atziluth (Archetypen)

Hostie, Teller
Brot. Salz. Münze.

Räucherfaß. Flamme.
Stab.

kelnden Welt der Elemente zu erreichen und, gemeinsam mit den anderen, oben erwähnten Arten, dies auch aufrechtzuerhalten. Es ist deshalb sehr wichtig und notwendig zu wissen, wie dieses sehr mächtige Symbol elektro-magnetischer Energie für die Heilung und zur Reinigung der Atmosphäre, für welche Arbeit auch immer, eingesetzt werden kann.

Für die wirkungsvolle Nutzung des Pentagramms sollte man nicht nur seine verschiedenen Entsprechungen und Zuordnungen kennen, sondern man benötigt auch gründliche Kenntnisse in seiner praktischen Anwendung. Diese kann man sich nur durch ein ausführliches Studium und Training bei jemandem aneignen, der auf dem Gebiet der okkulten Wissenschaft bewandert ist, und durch regelmäßige Übung dieser Disziplin.

Dieses Buch kann sich nur mit dem befassen, was der einzelne benötigt, um die notwendigen, positiven Ergebnisse für die Heilung und die Meditation herbeizuführen. Als erstes sollte man lernen, wie man ein Pentagramm (siehe Seite 153) konstruiert und die fünf Spitzen durch ihre Zuordnungen und Entsprechungen bestimmt. Mit diesem Wissen ausgestattet ist der Schüler dann fähig, durch regelmäßige Übung eine starke und wirksame Verbindung mit den Wesen der anderen Welten einzuleiten, die ihrerseits die Diener des kreativen Willens des Absoluten sind.

Die erste Spitze des Pentagramms, die über die anderen vier Spitzen herrscht, ist Gott im Geist manifestiert, der ewig lebendige Urstoff der gesamten Schöpfung, dessen Zeichen auf dem Pentagramm die Lampe ist, das Licht des Universums. Das Symbol ist ein Kreis mit Linien, die sich vom Mittelpunkt zum Umfang hin erstrecken. Dies deutet auf den Hörsinn hin, der dem Äther, der Verkörperung des Geistes, entspricht.

Mache einen Kreis mit beliebigem Durchmesser. Zeichne zwei Durchmesser, die sich im rechten Winkel im Mittelpunkt schneiden und markiere die auf der Kreislinie

Die Pentagramm-Zuordnungen

Element	Feuer	Wasser	Luft	Erde
Richtung im Zodiak	Süden	Westen	Osten	Norden
Magisches Werkzeug	Feuerstab	Kelch des Wassers zur feierlichen Reinigung	Dolch	Münze
Zusätzliches Werkzeug	Rote Kerze	Daumen, erster und zweiter Finger ausgestreckt	Fächer	Goldmünze, Brot, Salz
Symbol				
Farbe	Rot	Blau	Gelb	Grün
Gottesname	Adonai	Eheieh	JHVH*	Agla
Name des Erzengels	Michael	Gabriel	Raphael	Auriel
Name des Elementals	Salamander	Undine	Sylphe	Gnom
Religiöse Zuordnungen	Räucherfaß	Wein	Rose	Hostie Teller
Tier	Löwe	Adler	Mensch	Stier
Sinn	Sehen	Schmecken	Tasten	Riechen

* Aussprache: Jod-He-Vau-He

entstehenden Punkte mit A, B, C, D. Nimm einen Radius in den Zirkel, der etwas länger ist als die Hälfte der Strecke OA und ziehe von O und A aus je zwei Kreisbögen, die sich jeweils ober- und unterhalb schneiden. Die Verbindungslinie durch die zwei Schnittpunkte teilt OA genau in der Mitte. Bezeichne diesen Punkt mit E, mit Radius EC schneide OB von E aus im Punkt F. Nimm den Radius FC in den Zirkel und schneide von C aus die Kreislinie in den Punkten 1 und 2. Von Punkt 1 aus schneide die Kreislinie in Punkt 4 und von 2 aus in Punkt 3. Verbinde die Punkte 1–2; C–4; C–3; 1–3; 2–4.

Die fünf Dreiecke (die sogenannten Spitzen) des Pentagramms werden in den folgenden Farben bemalt: Das oberste Dreieck ist *weiß*, das obere rechte *blau*, das obere linke *gelb*, das untere rechte ist *rot* ausgemalt, und das untere linke Dreieck wird in vier kleinere Dreiecke unterteilt und wie folgt bemalt: links befindet sich das *rotbraune* Dreieck, an der Spitze das *zitronengelbe*, rechts das *olivgrüne* und unten das *schwarze*. Diese Farben des Erd-Dreiecks sind, mit Ausnahme von Schwarz, Permutationen der Farben der Sephiroth Netzach, Hod und Yesod, denen die Farben Grün, Orange und Violett zukommen.

Schwarz und Weiß entsprechen in der okkulten Terminologie der esoterischen und der exoterischen Ebene der Schöpfung und beschreiben das verborgene »Das« – *Ursache* – des enthüllten »Was ist« – *Wirkung* – mit dem und durch das alle Farben vibrieren. Diese zwei Ebenen befinden sich am oberen und am unteren Ende des Farbenspektrums, oben Weiß und unten Schwarz.

Auf dem Pentagramm bezieht sich die Farbe Weiß auf das oberste Dreieck, dem der Geist zugeordnet ist. Die Farbe Schwarz bezieht sich auf das untere linke Feld der unteren linken Spitze, den Erdpunkt. Dies erklärt die Aktivität der Farben zwischen »Das« und »Was ist« – Ursache und Wirkung. Diese Farben sollten beim Gebrauch des Pentagramms visualisiert werden.

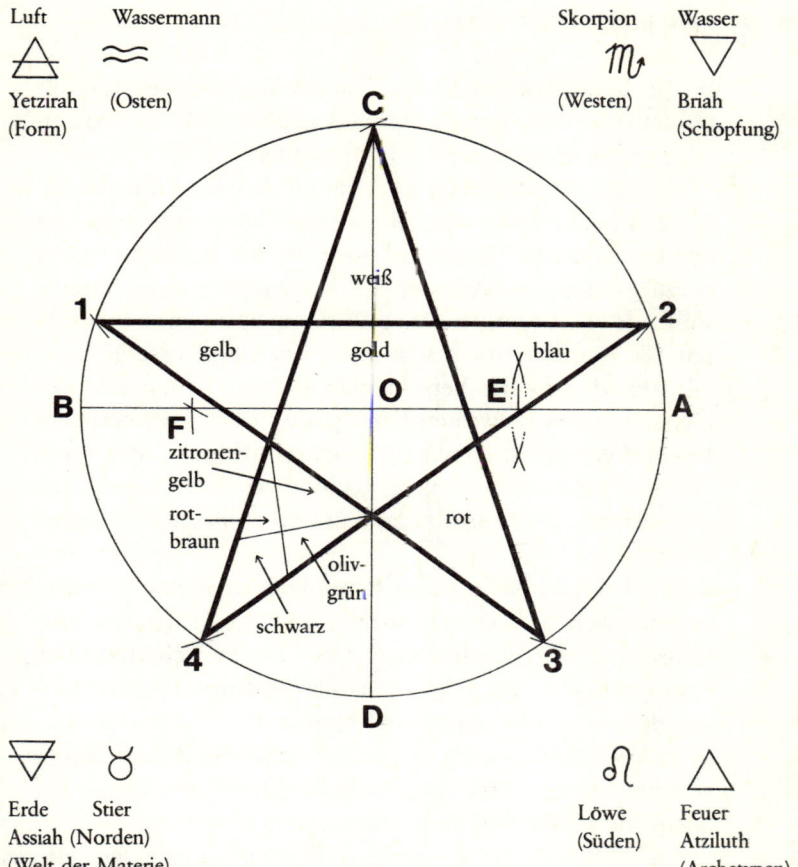

Luft
Yetzirah
(Form)

Wassermann
(Osten)

Skorpion
(Westen)

Wasser
Briah
(Schöpfung)

C

weiß

1
gelb
gold
blau
2

B
O
F
zitronen-
gelb
E
A

rot-
braun
rot

oliv-
grün

schwarz

4
3

D

Erde
Assiah (Norden)
(Welt der Materie)

Stier

Löwe
(Süden)

Feuer
Atziluth
(Archetypen)

Das kleine Bannritual des Pentagramms

Bevor du das Bannritual des Pentagramms vollziehst, mußt du deinen Arbeitsbereich durch Ausführung des kabbalistischen Kreuzes entsprechend vorbereiten.

Das kabbalistische Kreuz dient zur Anrufung und Kommunikation mit der Hierarchie der Elementargeister, um die Elemente in deinem eigenen Wesen zu besänftigen, vorzubereiten und zu reinigen, damit sie auf deine bevorstehende Arbeit eine positive Wirkung ausüben. Mit anderen Worten, es handelt sich dabei um eine einfache Technik, mit der du die Verschmelzung des höheren und des niederen Selbst bewirken kannst. Das ist ein wesentlicher Bestandteil des Kleinen Pentagramm-Rituals, oder des »Bannrituals«, wie es häufig genannt wird. Vor und nach dem Ritual wird *immer* das kabbalistische Kreuz ausgeführt.

Das kabbalistische Kreuz kann auch unabhängig davon benutzt werden, um vor einem Anrufungs- oder Wachrufungsgebet eine friedliche Atmosphäre zu schaffen. Das Anrufungsgebet wird für die äußere Kommunikation verwendet, mit einer objektiven Antwort. Das Wachrufungsgebet dient der inneren, passiven Erfahrung, dem subjektiven Bewußtsein. Das kabbalistische Kreuz kann also auch allein mit großem Nutzen angewendet werden.

Als Werkzeug für dieses Ritual benutzt du einen geweihten Dolch, oder einen, der in irgendeiner Weise durch den Benutzer gesegnet wurde, oder die ausgestreckten ersten zwei Finger, deren Fingerspitzen sich zusammen mit dem Daumen berühren und so als ein Zeiger benutzt werden. Damit werden die Linien eines Kreuzes auf dem Körper nachgezeichnet, während das Kreuz in einem strahlenden, lodernden, weißen Licht visualisiert wird. Das Kreuz beginnt über dem Kopf, dann führst du mit der Spitze des Dolchs oder mit den Fingerspitzen einen leuchtenden Strom weißen Lichts nach unten, indem du die Stirn mit dem Dolch berührst und ihn dann hinunter in die Herzgegend weiterführst. Gleichzeitig visualisierst du, wie das Licht hinunter in deine Füße strömt und in den Boden unter dir. Wenn du die Stirn berührst, vibriere (oder intoniere) das Wort *Ateh (Ah-Tay)*, berührst du das Herz, laß das Wort *Malkuth* vibrieren und visualisiere dabei einen strahlenden, horizontal verlaufenden, weißen Lichtstrahl, der sich über deine Schultern und darüber hinaus erstreckt. Berühre dann deine rechte Schulter, wobei du die Worte vibrieren läßt, die in der Anleitung zur Ausführung des Kleinen Pentagramm-Rituals (Seite 156 f) angegeben sind. Befolge die Anleitung bis zum Schluß.

Nachdem die verwendeten Worte in Hebräisch sind, solltest du, als ernsthafter Schüler, ihre richtige Aussprache üben. Der Grund für die Beibehaltung der traditionellen Worte ist der unauslöschliche Abdruck, den diese Worte auf dem Akasha-Mantel der ursprünglichen Lichtenergie hinterlassen haben, nachdem sie in Tausenden von Jahren immer wieder und wieder wiederholt wurden. Die Reaktion auf diesen Klang ist für den Erfolg des Rituals sehr wirkungsvoll. Die Gesten entsprechen dem Kreuzzeichen der Christen, und bei den hebräischen Worten handelt es sich um die letzten Verse des Vaterunsers. Auch wenn es einige Vorteile brächte, die hebräischen Worte durch deutsche zu ersetzen, ist dennoch das Hebräische aus den obengenannten Gründen auf jeden Fall vorzuziehen.

Außerdem wurden die Buchstabenkombinationen und die Klänge, die sie hervorrufen, durch jahrtausendelangen Gebrauch geheiligt und dabei mit Macht durchdrungen. Mit Hilfe der Gesten und der Schwingungen der heiligen Klänge wird Harmonie in der Person geschaffen und der Geist für höhere Ebenen des Seins geöffnet, was zu einem erweiterten Bewußtseinszustand führt.

Das kabbalistische Kreuz ist ein Symbol für die vier Himmelsrichtungen der Erde, über die die vier Erzengel wachen.

Die fünfte Spitze des Pentagramms – das weiße Dreieck – verkörpert die Herrschaft des göttlichen Wesens über die vier Himmelsrichtungen des Universums und über seine Bewohner. Der Ausführende erklärt, daß die Macht des göttlichen Gesetzes der alleinige Schöpfer und das höchste Gesetz des Universums ist. (Dieses Kreuz ist kein ungewöhnliches Symbol, denn es entspricht dem gleicharmigen Naturkreuz und sollte nicht mit dem Kalvarienkreuz der Opferung oder dem christlichen Kreuz verwechselt werden. Beim letzteren ist der Längsbalken doppelt so lang wie der Querbalken. Die zwei Kreuze sind verschieden und symbolisieren vollkommen andere Vorstellungen. Die Ausführung des kabbalistischen Kreuzes bedeutet *nicht,* daß man sich mit den christlichen Vorstellungen identifiziert oder diese akzeptiert.)

Das persönliche Experimentieren mit dem Klang wird dem Schüler die richtige Stimmlage vermitteln. Der Klang ist normalerweise einen Ton höher als die übliche Stimmlage beim Sprechen.

Hast du die richtige Tonhöhe erreicht, fühlst du durch die physiologische Reaktion ein Kribbeln in deinem Körper und deinen Händen.

Das kabbalistische Kreuz oder jedes andere Ritual kann rein im Geiste vollzogen werden.

Das Kleine Pentagramm-Ritual

1. Hebe die rechte Hand ca. 12 cm über den Kopf, führe sie nach unten und berühre die Stirn, sprich: *Ateh* (Dein ist).
2. Berühre die Brust, sprich: *Malkuth* (das Reich).
3. Berühre die rechte Schulter, sprich: *ve-Geburah* (und die Kraft).
4. Berühre die linke Schulter, sprich: *ve-Gedulah* (und die Herrlichkeit).

5. Falte die Hände über der Brust, sprich: *le-Olam, Amen* (in Ewigkeit, Amen).

6. Wende dich nach Osten, mache mit der geeigneten Waffe (dem Dolch) ein Pentagramm (jenes der Erde). Sprich, das heißt vibriere: *Jhvh.*

7. Wende dich nach Süden, mache dasselbe, aber sprich: *Adni.*

8. Wende dich nach Westen, mache dasselbe, aber sprich: *Ahih.*

9. Wende dich nach Norden, mache dasselbe, aber sprich: *Agla.*

   Nachdem du in jeder Himmelsrichtung den entsprechenden Namen vibriert hast, stich mit dem Dolch in die Mitte des Pentagramms.

   Phonetische Umschreibung: Ateh = Ah-tey; Malkuth = Mal-kuth; ve-Geburah = Vay-Geh-Bu-Rah; ve-Gedulah = Vay-Geh-Du-Lah; le-Olam = Lay-O-lam; Amen = Ah-men;

10. Strecke die Arme in Form eines Kreuzes aus und sprich:

11. Vor mir Raphael. Visualisiere eine männliche Gestalt in einem leuchtend gelben Gewand und einer violetten Robe.

12. Hinter mir Gabriel. Visualisiere eine weibliche Gestalt in dunkelblauem Gewand und orangfarbener Robe.

13. Zu meiner Rechten Michael. Visualisiere eine männliche Gestalt in einem roten Gewand und grüner Robe.

14. Zu meiner Linken Auriel. Visualisiere eine weibliche Gestalt in einem grünen Gewand und einer rotbraunen und zitronengelben Robe.

15. Vor mir flammt das Pentagramm,

16. und hinter mir scheint der sechsstrahlige Stern.

17. – 21. Wiederhole das kabbalistische Kreuz 1–5:

    1. Berühre die Stirn, sprich: *Ateh* (Dein ist).
    2. Berühre die Brust, sprich: *Malkuth* (das Reich).

3. Berühre die rechte Schulter, sprich: *ve-Geburah* (und die Kraft).

4. Berühre die linke Schulter, sprich: *ve-Gedulah* (und die Herrlichkeit).

5. Falte die Hände über der Brust, sprich: *le-Olam, Amen* (in Ewigkeit, Amen).

Die praktische Anwendung und der Gebrauch des Pentagramms müssen mit Sorgfalt erfolgen, damit du in deiner Empfindungssphäre und in den Reichen der Elemente Harmonie entstehen lassen kannst. Nachdem du die Atmosphäre mit dem kabbalistischen Kreuz zuerst vom Osten her gereinigt hast, zeichne das Symbol des Bannpentagramms der Erde: Stelle es dir groß und imposant vor, wie es sich in den Farben des Symbols lodernd und strahlend vor dir befindet. Während du die Figur des Pentagramms nachzeichnest, vibriere den göttlichen Namen der Gottheit des Ostens J H V H und stich in das Zentrum des Pentagramms. Anschließend drehe den Körper im Uhrzeigersinn in jene Richtung, in die der immer noch gestreckte Arm zeigt und zeichne mit den ausgestreckten Fingern (oder mit der Dolchspitze) den Abschnitt eines Kreises nach. Schaust du nach Süden, bringe den Arm zur Brust, und während du den Arm nach unten, zur Linken deines Körpers streckst, mache das Symbol des Pentagramms und visualisiere es in den strahlendsten Farben, dann vibriere den Namen des Erzengels *Adonai* und stich mit dem Dolch in das Zentrum des Symbols. Führe dieselben Bewegungen aus, das heißt, ziehe die Linie des flammenden Abschnitts eines weißen Kreises weiter bis zu einem Punkt im Westen, dann mache und visualisiere das Pentagramm wie vorher und vibriere den Gottesnamen *Eheieh*, während du die Mitte des Pentagramms durchstichst. Im Norden vibrierst du *Agla* in der gleichen Weise und vollendest anschließend deinen flammenden Kreis im Osten. Dazu bringst du die Dolchspitze (oder die Finger) zum Zentrum des ersten Diagramms.

Damit hast du deinen lodernden Kreis strahlend weißer Lichtenergie geschaffen und die Gegenwart und den Schutz der göttlichen Wesen erfleht, die die vier Himmelsrichtungen des Universums regieren. Zugleich rufst du eine Reaktion in deiner Empfindungssphäre – oder im aurischen Energiefeld – hervor, um jetzt in Harmonie mit den Wesen der materiellen Welt der Elemente Feuer, Wasser, Luft und Erde zu sein, damit sie dich in deiner dienenden Tätigkeit unterstützen.

Dieses Ritual wird nun mit dem kabbalistischen Kreuz beendet. Für die erfolgreiche Ausführung dieser zwei Rituale, des kabbalistischen Kreuzes und des Bannrituals des Pentagramms, sind besonders umfangreiche Visualisierungen nötig. Beim Anrufungsritual wird das Pentagramm in der entgegengesetzten Richtung gemacht, das heißt also nach unten, zur Erde hin.

Dieses Ritual beginnt im Osten mit dem kabbalistischen Kreuz, gefolgt vom Kleinen Pentagramm-Ritual und wird im Osten mit dem kabbalistischen Kreuz wieder beendet.

Die hier erläuterten, praktischen Anleitungen werden ausreichen, um das Ritual richtig zu vollziehen. Hat der Schüler keine Gelegenheit, bei der Vollziehung des Rituals durch einen in diese theurgische Kunst Eingeweihten zuzusehen, reichen die hier angeführten Anleitungen aus, damit der Schüler dazulernt und in ihm weiteres Interesse für den kabbalistischen Heilweg geweckt wird.

Das Pentagramm wird mit leicht gespreizten Füßen stehend gezeichnet. Die Finger (oder der Dolch) werden auf die linke Seite des Körpers gebracht, mit dem ausgestreckten Arm in einer Linie mit der Hüfte, wobei sich die ersten zwei Finger und der Daumen berühren und nach unten zeigen.

Schwinge den ausgestreckten Arm so weit über den Kopf, wie der Arm ganz natürlich reicht, zu einem Punkt, der in der Mitte des Körpers vorne liegt.

Visualisiere gleichzeitig eine strahlende und funkelnde

Linie weißen Lichts, die vom Boden auf der linken Seite, wo die Finger hinzeigten, bis zum Punkt in der Mitte über dem Kopf verläuft.

Während du die Linie nachzeichnest, beginne das Wort *Jod-He-Vau-He* zu vibrieren und zeichne, ohne mit dem ausgestreckten Arm in der Bewegung innezuhalten, eine strahlende, funkelnde, weiße Lichtlinie wie vorher mit den Fingern (oder dem Dolch) nach unten zu deiner Rechten, bis zu einem Punkt vor dem Körper, der in einer Linie mit der rechten Hüfte liegt. Visualisiere dabei, wie das Licht nach unten in die Erde projiziert wird und laß dazu den Ton *Haay* erklingen. Du hast nun ein umgekehrtes V $\bigwedge$ vor dir, das strahlend in funkelndem, weißem Licht brennt, und das du mit deinen flammenden Fingern (oder dem Dolch) gebildet hast. Du hast im Osten mit dem kabbalistischen Kreuz angefangen und das visualisierte Symbol des Kreuzes im Osten brennen lassen.

Von diesem Punkt an der rechten Hüfte schwinge den ausgestreckten Arm quer über den Körper nach oben auf die linke Seite, bis zu einem Punkt, der in einer Linie mit der linken Schulter liegt. Die Finger strömen dabei immer noch das visualisierte, strahlend weiße Licht aus. Während du diese Bewegung ausführst, visualisiere, wie das Licht aus den Fingerspitzen oder aus dem Dolch herausströmt und vibriere den Ton *Vau*. Führe anschließend den Arm in einer gleichbleibenden Bewegung auf die andere Seite des Körpers zu einem Punkt, der in einer Linie mit der rechten Schulter liegt.

Die Figur des Pentagramms, die du bisher in diesem Ritual visualisiert hast, sieht nun folgendermaßen aus:

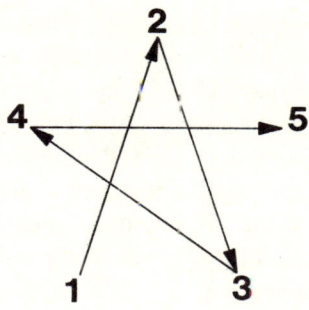

Von dem Punkt, der sich in einer Linie mit der rechten Schulter befindet, schwinge den Arm wieder nach unten zu dem Punkt an der linken Hüfte, an dem du begonnen hast und sieh, wie die Punkte dort zusammenfallen, das heißt der Anfangspunkt an der linken Hüfte mit dem Endpunkt. Damit wird das Pentagramm nun so visualisiert:

Vibriere den Ton *Hay* und stich in das Zentrum des Pentagramms. Du mußt das Wort *Jod-He-Vau-He* einmal vom Anfang des Pentagramms bis zum Stechen in dessen Zentrum in einer Folge intonieren. Dazu atmest du tief ein, und während du das Symbol ausführst, laß den Namen in einer Weise erklingen, daß er mit dem Stich ins Zentrum ausklingt. Atme gleichmäßig aus, wenn du das Symbol in einer ununterbrochenen Bewegung von Anfang bis Ende zeichnest. Dies wird dir anfangs schwierig erscheinen, aber mit Ausdauer und Einsatz ist dir der Erfolg sicher.

Die Qualität und der Erfolg eines Rituals hängen von der Visualisierung ab. Hast du das kabbalistische Kreuz und das Pentagramm ausgeführt, ist eines der wirkungsvollsten Bilder, das du visualisieren kannst, ein Ring aus feurigem Licht, der dich umgibt. Dieser Ring ist in den vier Himmelsrichtungen mit strahlenden, fünfzackigen Flammensternen besetzt. Beim Vibrieren der Namen der Erzengel sollte der Ausführende um sich herum vier hochragende Gestalten visualisieren.

Mit der Beendigung des Rituals des kabbalistischen Kreuzes und des Kleinen Pentagramm-Rituals hat der Ausführende im Geiste einen Bereich im Raum geschaffen, der seine persönliche Eigenschaft der Energie enthält. Dieses Abbild bleibt im Astralmantel der materiellen Welt eingeprägt. Je häufiger dieses Bild mit dem Ritual visualisiert wird, desto nachhaltiger wird die physiologische Auswirkung auf die gemachte Anstrengung sein.

Außerdem sollte der Ausführende versuchen, seinen Körper größer und größer werden zu lassen, ihn nach oben und in das All hinaus auszudehnen, wo immer er die Arbeit ausführt. Er steht dann wie ein Riese auf einer Kugel im All. Das ist wie ein riesiger Fingerabdruck, den du im All hinterläßt, wenn dein eigenes aurisches Feld von der Energie aus der Astralwelt durchdrungen wird, denn die Elemente deines physischen Körpers vermischen sich mit dem Urstoff jener Wesen, die die Welt der Elemente regieren.

Was nach dieser Wechselwirkung am Ende des Rituals zurückbleibt, enthält die Eigenschaft deiner Energie. Die regelmäßige Anwendung des Rituals läßt einen Abdruck in der Ideen-Substanz des ätherischen Mantels der assiahtischen Welt der Aktion zurück.

Zum Abschluß dieses Kapitels fasse ich noch einmal die wichtigsten Punkte zusammen, die bei der Ausführung des Kleinen Pentagramm-Rituals beachtet werden müssen:

1. Beginne immer im Osten mit dem kabbalistischen Kreuz und beende das Ritual in der gleichen Weise wieder im Osten. Versuche die Übung des »Größerwerdens« durchzuführen.

2. Mache ein bannendes Erdpentagramm im Osten, Süden, Westen und Norden und beende das Ritual wieder im Osten. Zeichne dazu den Abschnitt eines Kreises zwischen dem Mittelpunkt eines jeden Pentagramms vom Osten her, über den Süden, Westen und Norden zurück in den Osten und schließe auf diese Art den Kreis.

3. Halte die Arme ausgestreckt, wenn du die Abschnitte von einem Punkt zum anderen in jeder Himmelsrichtung nachzeichnest.

4. Das Vibrieren der Namen, das Intonieren der Worte und die Visualisierung sollten immer, von Anfang bis zum Ende, klar und deutlich erfolgen.

Nach Beendigung des Rituals, noch bevor du das kabbalistische Kreuz ausführst, solltest du folgendes visualisieren: »Um mich herum flammt das Pentagramm und hinter mir scheint der sechsstrahlige Stern.« Visualisiere beim zweiten Teil einen sechsstrahligen Stern oder zwei ineinandergeflochtene Dreiecke, die als der »Davidstern« bekannt sind, in Weiß hinter dir lodernd.

Neuntes Kapitel

Meditation

Bevor du die Visualisierungstechnik in der Meditation anwenden kannst, mußt du dir vom Gegenstand der Visualisierung, in symbolischer Form, ein geistiges Bild machen können.

Damit der Gegenstand oder das Symbol für die Praxis von Nutzen ist, solltest du dir ein Bild davon zeichnen, das sich tief in dein Bewußtsein einprägt.

Nachdem diese Technik schon in einem vorhergehenden Kapitel erläutert wurde, können wir sie jetzt erweitern, um sie auf die bestmögliche Weise gebrauchen zu können.

Wie man das Diagramm des sephirothischen Baums zeichnet, wird hier erklärt. Es muß betont werden, daß du mit dieser Methode eine wertvolle Verbindung zwischen der Kreativität und der Form herstellst.

Die Energie, die mit dem Zeichnen des Diagramms, der Kreativität und der Vollendung des symbolischen Diagramms, der Form, zusammenhängt, verleiht dem Ausführenden eine ähnliche Art von Energie, wie sie das Diagramm selbst symbolisiert. Damit wird die Anwendung dieser Visualisierungstechnik zum Ausgangspunkt für die Harmonie zwischen dem Ausführenden und der Welt der Elemente in der Schöpfung.

Es gibt verschiedene Wege, den Baum des Lebens zu zeichnen, aber am einfachsten scheint mir die Methode zu sein, die ich auf Seite 172/173 angegeben habe.

Hast du die Glyphe gezeichnet, ist es äußerst wichtig, dir die Bezeichnungen jeder einzelnen Sephira, ihre Farbe und ihre Lage auf dem menschlichen Körper einzuprägen und zu visualisieren. Ist all dies tief in deinem Bewußtsein verwurzelt, setze dich in einem ruhigen, entspannten Zustand innerer Harmonie für fünfzehn bis zwanzig Minuten hin.

Jetzt bist du bereit, deine praktische Meditationsübung mit Klang und Visualisierung zu beginnen. Diese solltest du so lange täglich ausführen, bis du die physiologische Seins-erfahrung durch eine neue Dimension im Geist und im Körper hevorrufen kannst.

Diese Methode kann in passiver oder aktiver Weise durchgeführt werden; erstere erfolgt rein im Geiste. Visu-alisiere dich in deinem Arbeitsbereich, das Ritual vollzie-hend, entweder stehend oder sitzend, aber ohne dich zu bewegen. Im Gegensatz dazu besteht die aktive Methode darin, die Meditation mit Klang, Bewegung und Visualisie-rung auszuführen.

Als richtige Vorbereitung vor einer Meditation solltest du entspanntes Atmen üben. Projiziere dich selbst in den Raum hinaus, so als stündest du aufrecht da, ganz vom All umhüllt. Stelle dir vor, daß es um dich herum tief violett ist, daß du von einem violetten Himmel voller funkelnder Lichter, Sterne und kleiner Lichtpunkte umgeben bist. Die Sonne scheint, und auch der Mond steht irgendwo am Himmel. Atme vollkommen aus. Zähle bis vier und atme dann bis vier sachte ein, halte den Atem an, während du bis vier zählst, atme bis vier wieder aus und halte den Atem an. Wiederhole diese Übung dreimal und atme dann ganz natürlich weiter. In dieser Zeitspanne kann der Körper ent-weder etwas warm oder etwas kühl werden. Atme dreimal in diesem Rhythmus: vier aus – anhalten, vier ein – anhal-ten, insgesamt dreimal. Nach dem dritten Mal wirst du deinen Körper als ganz leicht empfinden, als würdest du nicht mehr sitzen, sondern schweben. Das ist der Augen-blick, wenn du den Baum des Lebens sehr groß auf dich projizierst und ihn in den angegebenen Farben visualisierst. Während du sie der Reihe nach durchgehst, sieh dich selbst in den Raum hinaus projiziert. Visualisiere dich als große, mächtige Figur. Um dich herum sind Lichter, Planeten und alle möglichen verschiedenen Farben. Die Farbe deines Gewands ist ein wunderschönes Violett, und du bist von weißen Schäfchenwolken umgeben. In deiner Hand hältst du ein flammendes Schwert oder einen Dolch, um die Kraft und Stärke zu zeigen, die du durch deine rechte Hand ausstrahlst. Visualisiere nun eine riesige, strahlend weiße, funkelnde Kugel über deinem Kopf.

Lenke einen Strahl weißen Lichts von dieser Kugel schräg nach unten zu einem Punkt, der in einer Linie mit der linken Schläfe liegt, und dieser Strahl bildet einen Lichtpfad, der eine andere Lichtkugel im Bereich der linken Schläfe damit verbindet.

Diese Lichtkugel ist bei weitem weniger strahlend als die vorhergehende – sie ist grau –, aber sie wird von einer genauso strahlenden Lichtsphäre umgeben.

Lenke von der weißen Kugel über deinem Kopf noch einen weißen Lichtstrahl schräg nach unten bis zu einem Punkt, der auf der Höhe der rechten Schläfe liegt. Dieser Punkt bildet die Mitte einer schwarzen Kugel.

Projiziere nun einen Strahl weißen Lichts von der Kugel auf der linken Seite durch den Kopf und die rechte Schläfe hindurch in die schwarze Kugel zu dem Punkt auf einer Linie mit der rechten Schläfe, die ähnlich wie die vorhergehende Kugel von einer Sphäre strahlend weißen Lichts umgeben ist. Halte dieses Bild von dir für eine Weile im Raum.

Fühle dich in diesen Bewußtseinszustand hinein und lenke einen weißen Lichtstrahl von der schwarzen Kugel im Bereich der rechten Schläfe senkrecht nach unten zu einem Punkt, der in einer Linie mit der rechten Schulter liegt, hinein in eine strahlend rote Kugel, die von einer grünen Sphäre umgeben ist. Lenke von dieser schwarzen Kugel einen ähnlichen Strahl weißen Lichts schräg hinunter zu einem Punkt im Bereich des Herzzentrums. Diese Kugel visualisierst du in Gold, umgeben von einer silbernen Sphäre.

166

Mache dasselbe mit der Lichtkugel an deiner linken Schläfe. Lenke von der Kugel im Bereich der linken Schläfe einen Strahl weißen Lichts senkrecht nach unten zu einem Punkt, der in einer Linie mit der linken Schulter liegt, hinein in eine strahlend blaue Kugel, die von einer orangefarbenen Sphäre umgeben ist. Von dieser Kugel aus lenke einen ähnlichen Strahl weißen Lichts schräg nach unten zu einem Punkt im Bereich des Herzzentrums. Halte dieses Bild von dir für eine Weile im Raum.

Von der blauen Kugel auf der linken Seite an deiner linken Schulter lenke dann den weißen Lichtstrahl waagrecht durch die Schulter zur roten Kugel, die von einer grünen Sphäre umgeben ist und rechts von deiner rechten Schulter liegt.

Halte das Bild für eine Weile und laß es in dein Bewußtsein dringen. Dann schicke von den Bereichen an deiner linken und rechten Schulter jeweils einen weißen Lichtstrahl schräg nach unten, durch die Mitte deines Körpers, in den Herzbereich und visualisiere wie vorher eine strahlend goldene Kugel, umgeben von einer silbernen Sphäre.

Von dieser goldenen Kugel schicke einen weißen Lichtstrahl schräg nach unten zu einem Punkt links von deiner linken Hüfte in eine strahlend grüne Kugel, umgeben von einer roten Sphäre.

Schicke in ähnlicher Weise einen weißen Lichtstrahl schräg nach unten zu einem Punkt rechts von der rechten Hüfte in eine strahlend orangefarbene Lichtkugel, umgeben von einer blauen Sphäre.

Verbinde die Kugeln im Bereich deiner rechten und linken Schulter mit einem weißen Lichtstrahl, den du senkrecht nach unten zu den Kugeln an deiner linken und rechten Hüfte lenkst.

Als nächstes sende einen weißen Lichtstrahl von den Kugeln an deiner rechten und linken Hüfte schräg nach unten, zu einer Kugel im Bereich der Geschlechtsorgane und darunter. Die Farbe dieser Kugel ist Violett; sie wird von einer gelben Sphäre umgeben. Verbinde sie ebenso mit der Kugel im Herzbereich.

Halte das Bild vor deinem geistigen Auge fest. Laß es so klar werden, wie du nur kannst.

Anschließend lenke einen Strahl weißen Lichts von den Kugeln an deiner linken und rechten Hüfte schräg nach unten, zur letzten Kugel unter deinen Füßen. Gleichzeitig lenke einen weißen Lichtstrahl von der violetten Kugel mit gelber Umrandung im Bereich deiner Geschlechtsorgane hinunter zur Kugel unter deinen Füßen. Für diese Kugel kannst du die Farbe Grün benutzen, denn Grün enthält die anderen sechs Farben des Spektrums. Besser wäre es jedoch, wenn du in dieser letzten Kugel vier Farben visualisieren würdest. Sie ist nämlich in vier Ausschnitte eingeteilt, von denen jeder eine eigene Farbe besitzt, und zwar folgende: der unterste Ausschnitt ist schwarz, der rechte rotbraun, der linke olivgrün und der oberste zitronengelb. Diese Farben kennzeichnen die vier Elemente Erde, Feuer, Wasser und Luft.

Halte dieses Bild so lange du kannst. Hebe das Schwert oder den Dolch oder die ersten zwei Finger und den Daumen, die du wie einen Zeigestab anstelle des Schwerts ausstreckst, mit deiner rechten Hand und zeige damit nach außen und über dich. Fühle, wie eine gewaltige, starke Kraft von dir ausgeht, von der Gestalt im Raum weit hinaus. Laß diese Energie wie einen Blitz von dir in das All hinaus schießen, mit starkem und überwältigendem Willen. Versuche diese Kraft in der Gestalt im All zu fühlen, die du geschaffen hast und die du in jeden beliebigen Teil des Universums schicken kannst. Laß diese Projektion deiner selbst im All deine erste und nicht deine letzte Verbindung mit den Welten des kabbalistischen Baums sein.

Du mußt nun alles, was du mit deinem Willen geschaffen hast, wieder zerstören. Nachdem du also die Meditation, in der du den Baum auf deinen Körper überträgst, beendet hast, laß die Gottesnamen der Macht für jede

Sephira auf dem Lebensbaum erklingen, von Kether bis Malkuth.

Vibriere auch die Namen der Macht der Erzengel, Engel und der Welt der Elemente in Malkuth. Beende die Meditation mit dem Kleinen Pentagramm-Ritual und vergiß nicht, vor und nach diesem das kabbalistische Kreuz zu vollziehen. Löse nun deine von dir im Raum geschaffene Gestalt auf, indem du sie von dir weg in den Raum hinausschickst, bis sie hinter dem Horizont deines geistigen Bildes verschwindet.

Wende dich nach Osten, bewege dich von dort gegen den Uhrzeigersinn nach Norden und wiederhole das folgende Mantra in jeder Himmelsrichtung, zuerst im Norden und zuletzt im Osten. Sprich mit befehlender Klarheit die folgenden Worte: »*Alle elementaren Kräfte, Geschöpfe, Geister und Wesen, die durch diesen Ritus angezogen wurden, mögen in Frieden gehen.*«

Nachdem du dieses Schlußritual im Osten beendet hast, sprich die folgenden Worte, bevor du den östlichen Abschnitt verläßt und die Zeremonie beendest: »*Und laß Frieden sein zwischen mir und dir, und sei bereit, meinem Befehl zu folgen, wenn er angemessen ausgesprochen wird.*«

Diese letzten Worte vor der Beendigung des Rituals dienen der betonten Anerkennung der Einheit in der Schöpfung; denn, nachdem du mit der Hierarchie und ihren Dienern in Verbindung warst, nachdem du deren Energie mit deiner in Harmonie gebracht hast, dessen Zweck du allein bestimmst, befindest du dich nun in einem Herr/Diener-Verhältnis. Deshalb mußt du sie aus deinen Diensten in der materiellen Welt in jene Ebenen entlassen, in denen sie für ihre Arbeit geschaffen wurden, entsprechend dem göttlichen Gesetz der Liebe, Ordnung, Harmonie und Gerechtigkeit.

Da das okkulte Gesetz göttlicher Schöpfung grundlegend für das Wirken der elementaren Kräfte in der Natur der

Schöpfung ist, verpflichtet es uns, ihm in Gedanken, Worten und Taten zu gehorchen, und auf diese Weise die Evolution im Rahmen des göttlichen Plans weiter voranzutreiben.

Es ist, als hätte man Vertrauen in die ehrliche Verläßlichkeit seiner Diener, daß sie ihre Arbeit verrichten, auch wenn sie selbst und der Erfolg unsichtbar sind. Weil du jedoch die Folgen ihres Wirkens in der Menschheit als Ganzes kennst, hilft deine persönliche Anerkennung des Dienstes in dieser Form der zeremoniellen Verständigung, das Bewußtsein der sich entwickelnden Arten in der Natur zu erhöhen. Alle, die wir der Rasse des Homo sapiens angehören, verdanken unsere eigene Existenz dem unsichtbaren Vater der Elemente. Die Wärme der lebenspendenden Sonne, die äußerlich scheint, die unaufhörlich strömende Luft, die wir atmen, das immerwährend fließende Wasser, das wir trinken, die Nahrung, die wir aufgrund der Wechselwirkung auf und in der *Mutter Erde* erhalten – all das ist die Veräußerlichung dieser elementaren »Kräfte, Geschöpfe, Geister und Wesen«, zusammen mit der Hierarchie der Engel, Erzengel und göttlichen Wesen, die unaufhörlich an der Harmonisierung der Natur arbeiten, damit für unsere Bedürfnisse gesorgt ist.

Die Elemente und die Wesen, die durch sie wirken, sind besonders mit dem kabbalistischen Kreuz am Anfang und Schluß des Pentagramms eng verbunden, und es ist hilfreich, die kabbalistische Bedeutung der Worte zu kennen, die bei der Ausführung des Kreuzes vibriert werden, ebenso die Namen während der Vollziehung und jene beim Stechen ins Zentrum des Pentagramms. Die hebräischen Buchstaben wurden schon angeführt, und so folgen nun die deutschen Worte:

Ateh	Dein ist
Malkuth	Das Reich
Ve-Geburah	Und die Kraft
Ve-Gedulah	Und die Herrlichkeit
Le-Olam	In Ewigkeit
Amen	

Das Wort *Amen* setzt sich aus den Anfangsbuchstaben der Wörter des folgenden Satzes zusammen:

Der erste Buchstabe א ist der Anfangsbuchstabe des Wortes *Adonai*, was *Der Herr* bedeutet.

Der zweite Buchstabe מ ist der Anfangsbuchstabe von *Malekh*, was *Der König* heißt.

Der dritte Buchstabe ist נ, der Anfangsbuchstabe des Wortes *Namen*, was *Wahrhaftig* bedeutet.

Amen heißt demnach: »*Der Herr und wahrhaftige König*«.

Amen ist das Notarikon der Worte *Adonai-Malekh-Namen*.

Anleitung zur Konstruktion eines Diagramms des Lebensbaums

1. Zeichne eine beliebig lange, gerade, senkrechte Linie.
2. Ziehe einen großen Kreis am oberen Ende der Linie, dessen Mittelpunkt auf der Linie liegt.
3. Stich den Zirkel an dem Punkt ein, wo der untere Kreisbogen die senkrechte Linie schneidet und zeichne den zweiten Kreis.
4. Mach dasselbe für den dritten und vierten Kreis.
5. Die Mittelpunkte der zehn Sephiroth befinden sich auf den Schnittpunkten der einzelnen Kreise mit der senkrechten Linie und den Schnittpunkten der Kreisbögen links und rechts der Mittellinie.

Der Durchmesser der großen Kreise ist viermal länger als der Durchmesser einer Sephira. Die Breite der Pfade entspricht $1/4$ des Durchmessers einer Sephira, zum Beispiel Kreis: 8 cm; Sephira: 2 cm; Pfad: 0,5 cm.

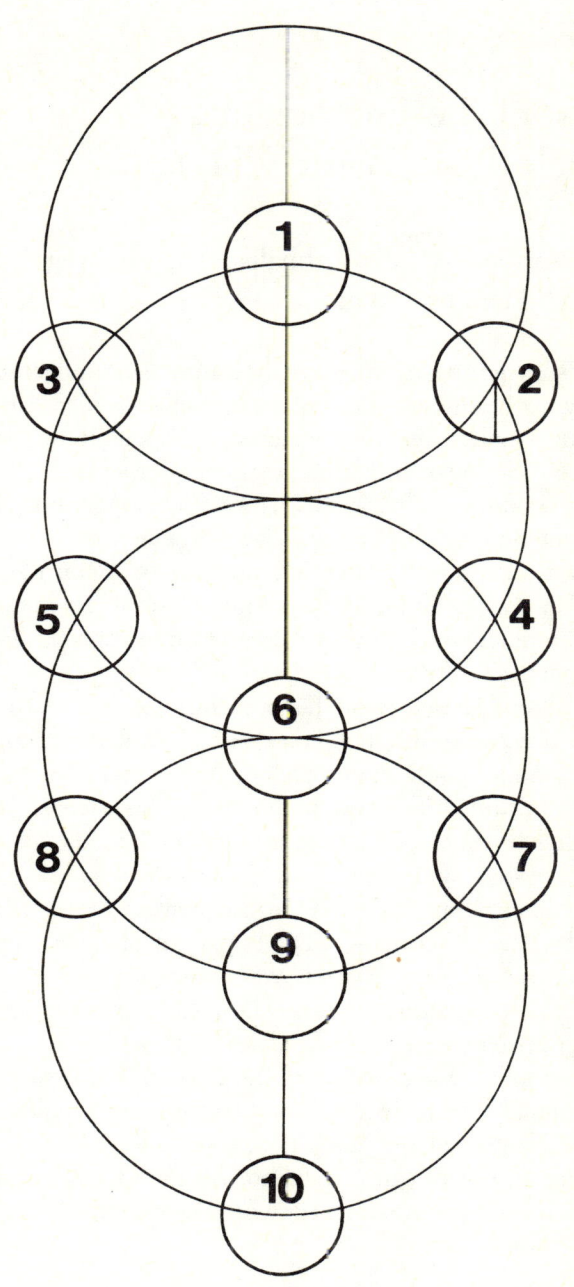

Zehntes Kapitel

Persönliche Entwicklung
durch disziplinierte Übung

Die Vorteile, die der kabbalistische Heilweg
für die Heilung bringt

Wie kam ich dazu, mich mit Metaphysik im allgemeinen und ganz besonders mit Heilung zu befassen? Die Antwort auf den ersten Teil der Frage ist, daß ich immer schon Farben um Personen herum gesehen, oder ich sollte besser sagen »gefühlt« habe. In meiner kindlichen Weise bezeichnete ich aufgrund dessen, was ich sah, einen Menschen als gesund oder krank. Meine Mutter war von Geburt an eine Seherin und Heilerin, und aus ihren Gesprächen mit anderen lernte ich im Alter zwischen sechs und achtzehn Jahren sehr viel.

Während dieser zwölf Jahre meines Lebens wurde mir auch der zweite Teil der Frage bezüglich der Heilung auf dramatische und eindringliche Weise zu Bewußtsein gebracht. Im Alter von sechseinhalb bis sieben Jahren wurde ich von einer Augenkrankheit befallen, die die Ärzte beim besten Willen nicht heilen konnten; ja, sie waren nicht einmal imstande, die Konsequenzen dieses Leidens für das Auge festzustellen. Die Folge war, daß das Auge im wahrsten Sinne des Wortes von irgendeiner Kraft aus der Augenhöhle gedrückt wurde. Den einzigen Rat, den die ehrenwerten Herren der Medizin wußten, war, das Auge zu entfernen. Meine Mutter lehnte in ihrer Weisheit diese Empfehlung entschieden ab und bat in ihren Meditationen und Gebeten unbeirrt um Hilfe, wie sie das gewöhnlich für andere zu tun pflegte. Aber ihre Bemühungen waren vergeblich, und das Auge wurde von Tag zu Tag schlimmer.

Ein Freund, der immer wollte, daß sie andere Methoden der Heilung ausprobierte, riet ihr, mich zu einem Geistheiler in Georgetown in Guyana (damals als British Guyana bekannt) zu bringen, was sie in ihrer Verzweiflung auch tat.

Es ist unbedingt erforderlich, in kurzen Worten meine Bekehrung (und zugleich die meiner Mutter) durch eine Offenbarung zu beschreiben. Verbunden mit meiner religiösen Erziehung bewirkte dies eine stark instinktmäßige, mit Liebe verbundene, sichere und fortgeschrittene Einsicht in spirituelle und weltliche Erfahrungen. Die Begebenheit diente als Bewährungsprobe, selbst bis zum heutigen Tag, für meinen Vorstoß in die Bereiche menschlicher Bestrebungen, in meinem Versuch zu lernen, zu verstehen und zu erkennen, wie das Geheimnis des Lebens, des Seins und Werdens zu lösen ist.

Unsere Familie war sehr fromm, religiös und gottesfürchtig. Demnach war alles, was nach unserer religiösen Erziehung nicht gotteswürdig war, wie zum Beispiel das Trinken von Alkohol, Gesänge zur Anrufung sogenannter »Geister« der Toten, das Aussenden und Erhalten von Nachrichten aus diesen Quellen in Trance durch ein Medium und so weiter, nicht nur ein Sakrileg, sondern auch eine Sünde. Ich wuchs als Katholik auf, und in unserer Gemeinschaft waren der regelmäßige Besuch der Messe, Novene, Beichte und Absolution an der Tagesordnung – wie auch heute noch –, obgleich die kirchlichen Gebote damals viel strenger beachtet wurden.

So wurden meine Mutter und ich zum Haus des Geistheilers geführt. Als wir dort ankamen, war mir als krankes Kind angst und bange, und meine Mutter war sehr betrübt, nachdenklich und, um es milde auszudrücken, ebenfalls ängstlich.

Die Einzelheiten, die zur Heilung führten und sich anschließend ereigneten, sind faszinierend, und ich werde vinige der Fakten meiner Geschichte erzählen, wie ich sie als Kind erlebt habe. Sie sind nach wie vor unauslöschlich in meinem Gedächtnis eingeprägt. Der Raum war mit drei Stühlen und einem Tisch, auf dem ein Wasserglas stand, spärlich eingerichtet. Eine Öllampe hing an der Wand, und mehrere Kerzen brannten auf dem Boden überall im Raum verstreut. Sechs Personen waren anwesend: das Medium oder die Geistheilerin, ihr Assistent, zwei Ärzte, meine Mutter und ich. Ich betrat den Raum, mein rechtes Auge von meiner Mutter fachmännisch verbunden. Sie war eine staatlich geprüfte Krankenschwester und als diensthabende Hebamme für Notfälle in der Gegend immer in Bereitschaft. Gott sei Dank hatte sie während unserer Abwesenheit von zu Hause keinen Notruf.

Das Medium war eine Frau in den Dreißigern mit niederländischer Staatsbürgerschaft; sprach nur Holländisch. Ich hatte sie schon früher einige Male gesehen und wußte, daß sie nur Holländisch und kein Englisch sprach, obwohl sie als Frau Cadogan, unter einem englischen Namen also, bekannt war.

Für mein kindliches Auge war es natürlich ein Schock, ihr diesmal so zu begegnen, mit beiden Augen fest verbunden und einer Zigarette in der Hand. Die ganze Szene, der ich beiwohnte, und die Atmosphäre, die ich empfand, erfüllte mich mit Befremden und, ich muß zugeben, mit Angst. Später sollte daraus höchste Verwunderung und Freude werden.

Der Assistent des Mediums – damals allgemein als Beschützer bezeichnet und mir unter dem Namen Callender bekannt – nahm die Zigarette aus ihrer Hand, drückte sie aus und erklärte ihr den Grund unseres Besuchs. Das Medium hatte bis zu diesem Moment kein Wort gesprochen und schwieg noch eine Zeitlang, nachdem der Assistent seine Erklärung beendet hatte. Plötzlich ertönte wie ein Donnerschlag aus ihrem Munde eine tiefe, schallende Männerstimme im fließendsten und gebildetsten Englisch, das man sich vorstellen oder das man in Oxford oder

Cambridge genießen kann, wo die gesprochene Sprache häufig die schulische Ausbildung verrät.

Ich konnte nur völlig erstaunt mit offenem Mund zusehen und zuhören und mich in meiner kindlichen Art über dieses unerwartete Phänomen der Kommunikation aus dem Mund einer schwarzen, niederländischen Frau wundern, die da in reinem Englisch mit einem gepflegten Oxfort-Akzent über eine Stunde lang sprach. Nun ja, das war der Anfang meiner Bekehrung und meiner Erfahrung mit der Heilung.

Der Name des Arztes, der bei dieser Sitzung durch das Medium sprach, ist Dr. Parkinson, der 33 Jahre später, 1957 in London, seine Begegnung mit mir als Kind in Guyana bestätigte. Mein Zusammentreffen mit ihm wurde von Dr. Lascelles durch die Mediumschaft des verstorbenen Charles A. Simpson vermittelt, dem Gründer des »Seekers Trust«, einem Zentrum für Gebet und spirituelle Heilung in Addington Park, Kent.

Diese Heilungserfahrung im Alter zwischen sechs und sieben Jahren bewirkte in mir eine feste und unerschütterliche Erkenntnis des Glaubens und die kindliche Akzeptierung einer anderen Existenz, als sie in der Welt der Sinne erfahren wird. Das Wissen wurde durch die äußerst hilfreiche und erfreuliche Zusammenarbeit mit dem Seekers Trust weiter vertieft und mein Glaube bedeutend verstärkt.

1956 wurde ich im Seekers Trust in die Praxis der spirituellen Heilung durch das Gebet eingeführt und darin ausgebildet. Diese einmalige, wissenschaftliche Methode des Gebets wurde von Dr. Lascelles durch die Mediumschaft des verstorbenen Charles A. Simpson eingeführt und wird »harmonischer Gebetskreis« genannt. Ich benutze diese spezielle Methode der Gebetsheilung in Verbindung mit der praktischen Anwendung der Seekers-Methode der Heilbehandlung in Form von Handauflegen in meiner Praxis als Heiler mit unglaublichem Erfolg.

Alles Leben ist eins – aller Geist ist eins. Das Leben vor dem Leben, dieses gegenwärtige Leben und das Leben nach dem Leben, der Tod, stellen ein Durchgangsstadium, eine Umformung und Verjüngung des Geistes dar, in der er die Erkenntnisse aus seinen Erfahrungen an das ewige und unsterbliche spirituelle Sein abgibt. Die Plattform, von der aus ich diese Erfahrung abtastete, gründete sich auf die angeborene Natur der Menschheit, mit Begeisterung zu leben, zu erkennen und zu handeln.

In meiner Kindheit war meine individuelle Anstrengung zu lernen, zu verstehen und zu wissen von der Art und Weise meiner frühen Erziehung in einer Familie geprägt, die mir die Freiheit einräumte, durch das Handeln zu lernen und in meinem Verhalten beispielhaft zu sein. Diese Lernerfahrung ermöglichte es mir, durch mein Sein zu lehren, zu veranschaulichen und das, was ich gelernt hatte, mit anderen durch in Gedanken ausgedrückte Worte und Taten zu teilen.

Damit bin ich nun bei jenem Teil meiner persönlichen Entwicklung angelangt, den ich mir durch disziplinierte Übung angeeignet habe und der keiner Erklärung bedarf. Durch mein uneingeschränktes Akzeptieren dieser inneren Erkenntnis des Seins war ich imstande, die praktischen Bestandteile dieses Wissens anzuwenden, die, wie ich aus Schwierigkeiten und Fehlern gelernt habe, nur durch *disziplinierte Übung* mit Erfolg angewendet werden können.

In den uralten Weisheitslehren wird erläutert, daß es in der Natur zwei entgegenwirkende Kräfte gibt und eine Kraft, die diese zwei an die physische Ebene bindet. Diese entgegenwirkenden Kräfte sind der Geist – unmanifestierte Materie – und die Materie – manifestierter Geist. Die zusammenführende Kraft, die sie verbindet, ist das *Bewußtsein,* das grenzenlos ist und sich auf der materiellen Seinsebene in verschiedenen Bewußtseinszuständen manifestiert, als Produkt seiner Selbst-Ideenbildung, die die Wesensart des Universellen Bewußtseins darstellt.

Alle diese Phänomene des Bewußtseins zeigen sich auf jener exoterischen Ebene, die in der traditionellen Wissenschaft als Raum bezeichnet wird und dessen ursprüngliche esoterische Benennung *absolutes Sein* oder *Nicht-Sein* ist.

»*Gemüt* ist ein Name für die Summe der Bewußtseinszustände, die unter Gedanken, Willen und Gefühl zusammengefaßt werden. Während des tiefen Schlafes hört die Ideenbildung auf der physischen Ebene auf, und das Gedächtnis ist untätig. Es ist somit für diese Zeit das *Gemüt nicht vorhanden,* weil das Organ, mittels welchem das Ego Ideenbildung und Gedächtnis auf der materiellen Ebene offenbart, zeitweilig zu funktionieren aufgehört hat.« (H. P. Blavatsky: *Die Geheimlehre,* Band 1, Den Haag, 1899, Seite 69–70)

Der gemeinsame Nenner, mit dem diese entgegengesetzten Kräfte wirken – Geist und Materie – und das Universelle Bewußtsein (bei Blavatsky: »Gemüt«), das sie auf der physischen Ebene aktiv integriert, ist der Raum, unendliches, grenzenloses, ewiges Sein. Raum, dieses subtile, kosmische Gewand, dieser Schleier, der das Unmanifestierte umhüllt, war und wird immer die Synthese dieser zwei entgegenwirkenden Kräfte, Geist und Materie, sein, zusammen mit dem Universellen Bewußtsein, das sie an die physische Ebene bindet.

Dieses Wissen von der ewigen Wechselwirkung von Energie und Raum und die praktische Anwendung des kabbalistischen Heilwegs gibt jedem einzelnen den Schlüssel für jene Tür in die Hand, die zur Wiederentdeckung der ungenutzten Talente führt, die tief in den unerforschten Winkeln des unterentwickelten Geistes verborgen liegen.

In Äonen der Erdenzeit und durch individuelle Anstrengung kann man den Schleider der Illusion oder Maya durchbrechen, der den materiellen Lebensraum – den materiellen Körper – des inkarnierten Egos verhüllt. Maya (Illusion) ist ein Bestandteil aller endlichen Dinge, denn alles Existente besitzt nur eine relative und keine absolute

Körpergleichheit. Was der Betrachter durch die bildliche Projektion des unmanifestierten Noumenon sieht, hängt von seiner Erkenntnisfähigkeit ab.

Diese innere Erkenntnis kann man erlangen, wenn man im Bewußtsein den Quantensprung von der Illusion zur erleuchteten Realität mit Hilfe disziplinierter Übung von *Bewußtseins-Erkenntnis* macht. Lehre dein weltliches, irdisches Selbst der fünf Sinne *hinzuhören,* und nicht nur zu hören; *zu beobachten,* und nicht nur wahrzunehmen; *bewußt zu werden,* und nicht nur zu fühlen; *Intuition zu gebrauchen,* und nicht nur zu denken. Und die letzte Disziplin, die geübt werden muß, besteht darin, alle vorher erwähnten Disziplinen so zusammenzufügen, daß sie im Bereich der verborgenen *Stille des Atems* wirken, was das Bewußtsein der *Stille des Seins* ist – einfach nur *zu sein.*

Bibliographie

Alder, Vera Stanley: *The Finding of the ›Third Eye‹*. Rider, London 1938.

Alder, Vera Stanley: *The Initiation of the World*. Rider, London 1939.

Alder, Vera Stanley: *The Fifth Dimension*. Rider, London 1940.

Bailey, Alice A.: *Initiation Human and Solar*. Lucis, New York 1922.

Blavatsky, Helene Petrovna: *Isis – entschleiert*. Couvreur, Den Haag o. J.

Blavatsky, Helene Petrovna: *The Key to Theosophy*. The Theosophy Company, London 1889.

Blavatsky, Helene Petrovna: *Die Geheimlehre*. Couvreur, Den Haag o. J.

Cambell, Florence: *Your Days are Numbered*. DeVorss, Marina del Ray 1931.

Fortune, Dion: *The Mystical Qabalah*. Benn, London 1935.

Gray, William G.: *The Ladder of Lights*. Helios, Toddington 1968.

Hall, Manley P.: *Secret Teaching of All Ages*. The Philosophic Research Society, Los Angeles 1975.

Maters, S. L. Mac Gregor: *The Kabbalah Unveiled*. Routledge & Kegan Paul, London o. J.

Wessly, Karl: *Greek Magician Papyrus*. 1888.

Register

Verlag Hermann Bauer · Freiburg im Breisgau

Heinrich E. Benedikt

Die Kabbala als jüdisch-christlicher Einweihungsweg

Die Kabbala ist, obwohl vielfältig mißverstanden, weder Eigentum einer kleinen Gruppe von Menschen noch eine fragmentarische okkulte Wissenschaft, sondern ein ganzheitlicher, Körper, Seele und Geist umfassender Weg des Menschen. Sie ist der Kern der Wahrheitslehre der alten im Verborgenen wie im Öffentlichen wirkenden universellen Bruderschaft (des geistigen Israel). Sie ist die esoterische Lehre jener Menschen, Adepten und Meister, die, der Verwirklichung des göttlichen Planes dienend, für die Errichtung des Himmelreichs, das heißt des Goldenen Zeitalters auf Erden, wirken und leben.

Band I: Farbe, Zahl, Ton und Wort als Tore zu Seele und Geist
2. Auflage, 408 Seiten mit 120 Zeichnungen und 8 bis zu achtfarbigen Abbildungen, gebunden; ISBN 3-7626-0279-4
Der erste Band befaßt sich mit der Symbolsprache und der geistigen Kraft der Farben, Formen, Zahlen, Töne und Buchstaben. Er enthüllt sie als die Ur-Kräfte und Bausteine des Lebens. Ihre Kenntnis, das heißt Erfahrung im eigenen Innern, bildet die Voraussetzung nicht nur zur Meisterung des Lebens, sondern auch zur Gestaltung und Vollendung unseres Wesens.

Band II: Der Lebensbaum – Spiegel des Kosmos und des Menschen
ca. 350 Seiten, mit 2 vierfarbigen Abbildungen, gebunden;
ISBN 3-7626-0280-0
Der zweite Band behandelt das uralte Symbol des Lebensbaums. In ihm erkennen wir nicht nur die wunderbare Ordnung des Universums und der geistigen Hierarchien, sondern auch ein einfaches »Modell«, das uns mit seiner reichen Symbolik und Methodik einen Zugang zu neuen Dimensionen unseres Daseins vermittelt.

Verlag Hermann Bauer · Freiburg im Breisgau

Verlag Hermann Bauer · Freiburg im Breisgau

Ralph Tegtmeier

Die heilende Kraft der Elemente

Praxis der Tattwa-Therapie

180 Seiten mit 2 Zeichnungen und 5 farbigen Symboltafeln, gebunden; ISBN 3-7626-0304-9

Tattwas sind Symbole der klassischen Elemente Erde, Wasser, Feuer, Luft und Geist. Früher nur den wenigen Mitgliedern geheimwissenschaftlicher Zirkel und Orden bekannt, stellen sie doch einen der wirksamsten Zugänge zur menschlichen Seele dar und bieten dem Therapeuten ein geradezu ideales Instrument ganzheitlicher Therapie. In ihrer großen Anwendungsvielfalt erfassen sie den Menschen als Einheit und sind Mittel der Diagnose und Heilung zugleich.

Doch sind die Tattwas keineswegs nur »Werkzeuge« geschulter Mediziner – im Gegenteil: Jeder Mensch, auch und gerade der Gesunde, kann sie mühelos in Eigenregie anwenden und so zu einem erfüllten Leben voll innerer Ruhe und Harmonie finden. Als Meditations- und Entspannungsmittel sind die Tattwas von unschätzbarem Wert. Darüber hinaus bieten sie dem Menschen die Möglichkeit, seine eigene Subjektivität zu begreifen – und zu transzendieren.

Da sich die Arbeit mit den Tattwas unmittelbar an die innersten Ur-Kräfte der Seele richtet, greift sie Störungen, Blockaden und Erkrankungen auch dort an, wo jede wirkliche Heilung erst richtig beginnt – im Psychosomatischen. Werden die Tattwa-Ebenen in eigener Regie »gereinigt«, findet dadurch eine Harmonisierung im Inneren statt, vor allem bei der Behandlung psychosomatischer Störungen.

Verlag Hermann Bauer · Freiburg im Breisgau

Von Hans-Dieter Leuenberger ist erschienen:

Schule des Tarot

Die »Schule des Tarot« ist kein Lese-, sondern vielmehr ein Lebens-
buch, das den Leser auf seinem ganzen Lebensweg begleitet und ihm
immer wieder mit Rat und Antwort dient. Gleichzeitig ist dies eine
gründliche fundierte Einführung in die Esoterik, die sich an alle ernst-
haft Suchenden wendet, die offen und bereit sind, sich von der magischen Wirkung des Tarot berühren zu lassen, die womöglich seine
Weltanschauung und seine Lebensführung verändern kann.

**Band I: Das Rad des Lebens. Ein praktischer Weg durch die
großen Arkana.**
4. Aufl., 318 Seiten mit 22 s/w-Abb. und 9 Zeichn., geb.
ISBN 3-7626-0243-3
Im ersten Band wird eine sehr eingehende Analyse der 22 großen
Arkana unternommen und eine Einführung in die Sprache der Bild-
symbolik gegeben. Der Leser lernt gründlich Inhalt und Bedeutung
der einzelnen Tarotbilder kennen und wird systematisch darin
geschult, Bildsymbole zu entschlüsseln und zu interpretieren.

Band II: Der Baum des Lebens. Tarot und Kabbala.
2. Aufl., 413 Seiten mit 13 Zeichn., geb.
ISBN 3-7626-0233-1
Der zweite Band behandelt die 56 kleinen Arkana und legt dar, in
welcher Weise der Tarot als Ganzes mit der Kabbala verbunden ist.
Hier wird der Leser mit den Grundzügen des kabbalistischen Denkens vertraut gemacht. Dabei ist das Ziel nicht eine Anhäufung theo-
retischer Kenntnisse, sondern es wird ein Weg gezeigt, wie erworbe-
nes Wissen in der Praxis verwirklicht werden kann.

Band III: Das Spiel des Lebens. Tarot als Weg praktischer Esoterik.
2. Aufl., 303 Seiten mit 31 Zeichn., geb.
ISBN 3-7626-0286-7
Im dritten Band liegt der Schwerpunkt besonders auf der praktischen
Anwendung des Tarot in bezug auf die Bewältigung der täglich anfal-
lenden Lebensprobleme. Der Leser lernt, wie er mit Hilfe des Tarot
seine vielfältigen Lebensaufgaben und Probleme und sein persön-
liches Leben besser und im Einklang mit der kosmischen Ordnung
gestalten kann.

Verlag Hermann Bauer · Freiburg im Breisgau